Destination Korea, Vol.10

당신이 모르는 그곳

통 영

MOVE

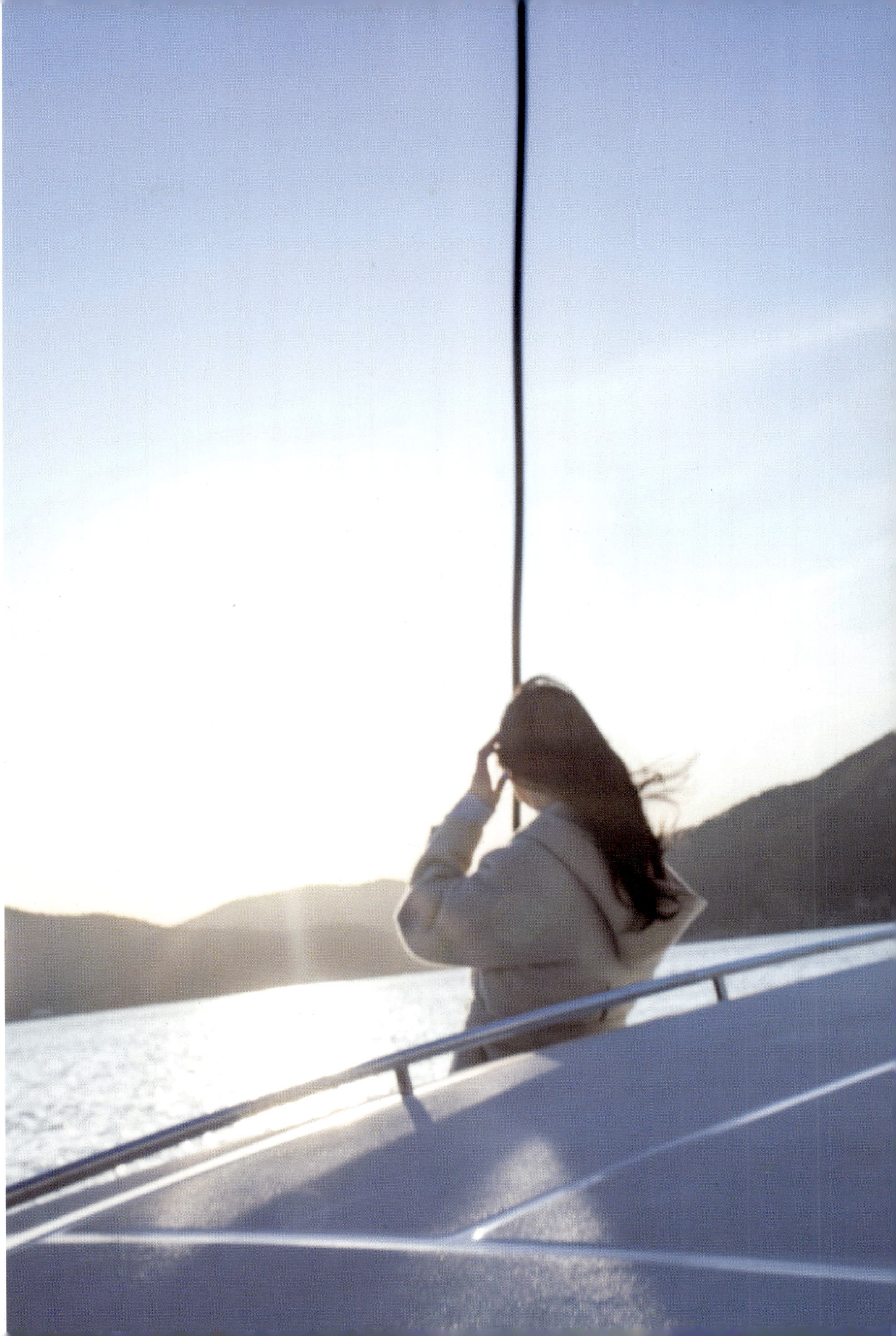

당신이
모르는 그곳,
통영
MOVE

"섬 주세요!"

서른 가지가 넘는 아이스크림을 두고 주문대 앞에서 서 있는 꼬마처럼 저도 '여행'이라는 카운터에 가서 주문을 합니다. 570개 중 골라야 하니 이를 어쩔까. 가슴이 콩닥콩닥, 두근두근거립니다. "음… 바다는 짙은 코발트블루로 하고, 파도는 잔잔하게 주세요. 참, 그리고 노을 듬뿍 추가하고요. 반짝반짝 윤슬도 살살 뿌려주세요."
복잡하고 오밀조밀한 해안선과는 다르게 둥글둥글 온화하기 그지없는 통영의 바다와 점점이 떠 있는 섬들을 보고 있노라면 누구나 시인이 됩니다. 오래전 통영에 잠시 머물렀던 화가 이중섭도 이렇게 말했지요. "통영은 바다만 보고 있어도 시가 써지고, 그림이 그려지는 마법적인 곳"이라고요. 물결치는 드레스에 한 땀 한 땀 보석으로 수를 놓고 있는 창조주의 손이 보이시나요? 저쪽은 하얀 진주알 같고, 이쪽은 빨간 루비고, 녹색 에메랄드고, 반짝반짝 다이아몬드도 있습니다. 납작하기도 하고, 동그랗기도 하고, 뾰족하기도 하고, 모양도 다양합니다.

섬들을 넘나들며 여러 계절을 만났고, 동백과 벚꽃의 시간을 보냈습니다. 통영국제음악제가 열리는 3월엔 음악에 취했고, 통영국제트리엔날레가 열렸던 52일간은 예술에 흠뻑 젖어 지냈지요. 과거와 현재의 예술가들을 만나고 별처럼 많은 이야기들을 발견하며 이 도시와 조금 더 가까워진 것 같습니다. 그럼에도 '통영은 어쩌면 영원히 정복할 수 없는 곳! 너무나 많은 레이어가 있는곳, 끝도 없이 이어지는 이야기가 있는 곳'이란 생각이 듭니다. 그래서일까요? 통영에 자주, 길게 머물렀지만, 여전히 이방인이란 생각이 들었습니다. 한편으로는 여기만큼은 영원히 설레는 곳으로 남겨둘 수 있어 다행이라는 생각도 들었습니다.
MOVE는 결국, 여행자를 위한 안내서입니다. 꿀빵에 충무김밥, 회만 먹고 서둘러 떠난다면 너무나 안타깝습니다. 다른 여행을 하고 싶은 이 시대의 세련된 여행자들을 위한 안내서인 〈당신이 모르는 그곳〉 시리즈에 통영은 어쩌면 참 어울리는 여행지입니다. 저도, 당신도 아직 모르는 그곳이 너무나 많기 때문입니다.
저에게도 아직 가보지 않은 섬들이 많이 남았습니다. 언젠가는 못다 한 섬 이야기들을 다시 할 수 있을까요? 이 책을 보고 통영에 가고 싶어진다면, 잠시 들렀다 고이 접어두고 오세요. 통영은 고이 남겨둘, 그런 곳입니다.
저도 또다시 고이 머물렀다 돌아오렵니다.

섬 주세요. 행복 주세요.

조은영 편집장

CONTENTS

MOVE OFF
[움직이기 시작하다]

14
INFORMATION
여행의 예습

20
STUDY
아는 만큼 보인다

24
INSPIRATION
'영감'의 문장들

32
WELCOME
그거 아세요?

ON THE MOVE
[마음껏 돌아다니다]

40
PHOTO GALLERY
포토 갤러리

49
ART OF TRAVEL
여행의 기술

70
KEYWORD
아티스트, 이순신

78
TASTE
맛있는 통영

86
ENJOY
취향 여행자를 위한 술

92
ISLAND
나를 찾는 섬 여행. 그대는 야(野)하다

98
ISLAND 2
욕지도, 판단은 금물!

104
SPOTS
요즘 카페

112
MEET
원파인데이

120
LOCAL
통영이 좋아요!

DIRECTORY
[여행의 작은 사전]

130
ACCOMMODATION

136
CAFES & BAKERY

146
RESTAURANT

158
BAR & PUB

MOVE ON
[그리고 또 다른 이야기들]

162
STORY
당신이 모르는 이야기_통영이 낳은 세계적인 작가

166
DINING OUT
서울에서 만나는 통영

170
SOUVENIR
통영 기념품

MOVE OFF
[움직이기 시작하다]

여행의 예습

통영읍이 충무시가 되고 충무시가 다시 통영시가 된 이야기. 대한민국에서 섬이 두 번째로 많은 곳, 서울에서 부산까지 거리의 1.5배가 넘는 긴 해안선을 가진 통영, 아니 '토영'에 대한 15분 짧은 예습.

Writer 편집부 **Photographer** 이규열

도시 이름 Naming

통영(統營)은 삼도수군통제영(三道水軍統制營)의 줄인 말인 '통제영'에서 유래했다. 삼도수군통제영이란 조선시대 충청·전라·경상도의 수군을 통할하는 통제사가 있는 본진으로 지금으로 말하면 해군본부다. 선조 26년(1593) 임진왜란 당시 초대 통제사로 임명된 이는 이순신이고 그가 있었던 한산진영이 최초의 통제영이었다고 추정된다. 현재 통영 관내(당시 두룡포)의 세병관, 백화당, 정해정 등이 있는 통제영은 제 6대 통제사인 이경준 때인 선조 38년(1605)에 세워진 것이다. 이곳은 고종 32년(1895)까지 292년간 그대로 유지하다가 일제시대 민족정기 말살정책에 의해 거의 사라졌다. 당시 건물 중 남아있는 것은 세병관이 유일하지만 최근 통제영터를 정비하여 건물 일부를 복원했다.
*임진왜란은 1592년부터 1598년까지, 7년간 지속된 조선과 일본의 전쟁이다. *제1대 통제사는 이순신, 2대는 원균이었다.

별칭 Nickname

'동양의 나폴리' 또는 '한국의 나폴리'라는 표현은 박경리의 소설 『김약국의 딸들』에서 통영을 소개하는 부분에 쓰였을 정도로 오래된 표현이다. 어디서 이 표현이 기인했는지는 정확하지 않다.

위치 Location

한반도의 남쪽 중심부 고성반도의 끝에 위치했다. 북쪽의 도산면과 광도면은 고성군과 접하고, 동쪽은 거제시와 바다로 이어지며, 서쪽은 남해군과 바다로 마주한다. 남쪽엔 바다와 점점이 뿌려진 섬들, 한려해상국립공원이 펼쳐져 있다.
*한려해상국립공원은 전남 여수시와 거제, 남해, 사천, 통영, 하동군에 걸쳐있는 남해상의 국립공원이다. 명칭은 통영 한산도의 한(閑)과 여수시의 여(麗)를 따서 이름을 지었다.

지형 Geography

통영시는 고성 반도(통영 반도)의 중남부와 연육도인 미륵도, 그리고 570 개의 섬으로 구성되어 있는 도시다. 섬 중 유인도는 44개, 무인도는 526개이다. 해안선의 굴곡과 섬들이 만들어 내는 경관이 그림처럼 수려한 전형적인 리아스(Rias)식 해안이며 해안선 총 길이는 617km, 이는 경상남도 해안선의 총 길이의 28%를 차지하며 서울에서 부산까지 거리의 1.5배에 육박한다.

행정구역 Administrative

1개의 읍에, 6개의 면이 있고, 8개의 동이 있다. 산양읍이 있는 미륵도는 통영반도와 이어진 작은 섬이다. 8개의 동 중 6개(명정동, 무전동, 북신동, 중앙동, 정량동, 도천동)는 통영반도에 봉평동, 미수동은 미륵도에 있다.

섬 Islands

570개의 섬 중 연육도인 미륵도는 중생대 백악기 말에 형성된 화산섬이다. 통영반도와 폭 200m의 좁은 땅으로 연결되어 있어 썰물 때는 걸어서 건너다녔던 섬인데, 밀물 때 생기는 너비 10여 m의 물길을 확장해 1932년 통영운하가 만들어졌다. 현재 통영반도와 미륵도는 충무교, 통영대교, 통영해저터널로 연결되어 있다. 다른 섬들은 한산도, 욕지도, 사량도를 중심으로, 한산면, 욕지면 사량면에 대부분 소속되어 있다. 비교적 가까운 섬인 한산도, 만지도, 연대도 등을 안섬이라 부르고 욕지, 매물, 연화도를 바깥섬이라 한다.

면적 Size

통영 전체는 238.85km²이다. 크기 비교를 하자면 이중 미륵도는 39km², 한산도는 29.81km², 욕지도는 12.62km²다.

기후 Climate

해양성 기후의 영향으로 겨울에는 따뜻하고 여름에는 시원하며 여름과 겨울의 기온차도 적다. 연평균 기온은 15℃이며 1월 평균기온이 3.2℃, 8월 평균기온은 25~26℃ 정도, 그야말로 노후를 보내고 싶은 곳이다. 다만 계절풍의 관계로 여름엔 장마전선이 형성되고 태풍의 영향으로 호우성 강우가 있다.

인구 Population

2022년 7월 기준, 124,550여 명을 기록하고 있다. 통영의 인구는 1960년대에 이미 13만명을 훌쩍 넘었고 1975년을 정점으로 14만 선을 유지하다가 충무시가 통합된 1995년을 정점으로 감소추세에 있다.

역사 History

현재의 통영 영토는 삼국시대엔 고성에 속했었다.
1018년 고려시대에 들어오면서 거제현으로 이관되었다.
1275년~1308년 남해현에 잠시 소속되었다가 다시 거제현 소속이 되었다.
1617년 고성현에 소속되었고
1870년 고성현이 고성도호부로 승격되었다.
1900년 현재의 통영시 시역에 해당하는 지역과 거제현 둔덕면 일부를 분리해 '진남군'으로 독립 신설했고 이를 1909년 '용남군'으로 명칭을 바꾸었다.
일제강점기에 들어서면서 용남군과 거제군이 통합되어 '통영군'이 설치되었다.
1931년 현재 통영 시내 지역인 통영면을 '통영읍'으로 승격하고 '용남면'을 분리한다.
1938년 거제 이운면이 장승포읍으로 승격되었다.
1953년 거제도 일대가 거제군으로 분리되었다.
1955년 '통영읍'이 '충무시'로 분리 승격되었다.
1973년 용남면 무전리가 충무시에 편입되었다.
1995년 '충무시'와 '통영군'을 폐지하고 '통영시'로 통합하였다.

산업 Industry

1604년 삼도수군통제영이 이 고장에 옮겨 온 이후 통영은 군사도시로 발전하며 남해안 해운의 중심지가 된다. 이후 일제강점기에는 수산업과 해상교통의 중심지가 된다. 마산, 부산, 삼천포, 여수 등지와 해상 교통이 활발하였고 일본·중국과의 무역도 활발했다. 이후 남해고속도로가 개통되고, 1990년대 초반 마산·통영 간의 국도가 4차선으로 확장되면서 해상 교통은 차츰 내리막길로 접어든다.

수산업

지난 100여 년간 지역 경제를 받쳐준 통영의 전통적 기반 산업이다. 1960년대부터 본격적으로 양식어업이 시작되었고 이후 한국양식어업의 본고장으로 부동의 위치를 확보하고 있다. 그런 까닭에 다른 지역과는 다르게 여러 수산업협동조합이 설립되어 있다. 굴수하식수협과 멍게수하식수협, 멸치권현망수협, 근해통발수협(장어, 꽃게)등의 수협과 통영수협, 사량수협, 욕지수협 등…. 통영에서 생산되는 굴은 대부분 양식이며 전국 굴 생산량 70% 이상의 비중을 차지하고 있다. 고등어는 국내에서 제주도와 욕지도에서만 양식을 한다. 최근 욕지도에서 국내 최초로 참치(참다랑어) 양식에 성공해, 국내산 생참치를 식당에서 판매하고 있다. 통영의 멸치 조업도 유명하다. 국내 멸치 생산량 70% 이상, 건멸치 50% 이상을 통영이 담당하고 있다.

조선업

1980년 이후엔 조선업이 발달하면서 2000년대에는 조선업이 70%, 수산업이 25%, 관광서비스가 5%의 비율을 이룰 정도로 조선업이 활황을 이뤘다. 21세기조선, 성동조선, 가야중공업, 삼호조선, 신아SB등의 조선소가 들어섰다. 2010년 기준 3만명 가량이 조선업에 종사하며 통영 경제를 이끌었으나 2014년 이후 급쇠락하기 시작했다. 21세기조선, 삼호조선은 '키코' 손실, 수주 절벽 등 불황을 견디지 못하고 문을 닫았고 2015년 11월 신아SB가 파산했다. 조선업에 종사하던 3만명 중 2만명 이상의 근로자가 타지로 떠났거나 직업을 전환할 정도였다. 이중 성동조선은 2018년 기업회생절차에 들어간 뒤 매각을 시도한 끝에 2020년 5월 HSG중공업-큐리어스파트너스 컨소시엄에 매각되며 HSG성동조선으로 간판을 바꿔 달았다. 대형선박용 블록 제작으로 사업도 전환해 최근 흑자를 이루며 활기를 다시 찾고 있는 중이다.

관광업

통영은 국내 최고의 해양관광도시로서 관광업은 조선업이 쇠퇴한 자리를 채우고 있다. 2008년 미륵산 케이블카가 개통하면서 해마다 탑승객 수를 경신했고, 이에 힘입어 2011년부터 2018년까지 매해 6~7백만 정도의 관광객이 통영을 찾은 것으로 집계됐다. 최근엔 '밤이 아름다운 도시, 통영' 선포식을 통해 야간 관광지로서 명성을 얻고 있다. 코로나로 인해 관광업이 잠시 소강상태이지만 청정 여행지, 섬 여행에 대한 관심이 높아지므로 섬 여행 1번지인 통영의 선전을 기대한다.

교통 Transportation

도로와 항공

서울 출발 기준 차량으로 4시간 소요된다. 도로는 통영대전고속도로, 5번 국도, 14번 국도, 77번 국도, 67번 국도가 있다. 통영종합버스터미널에서 전국으로 가는 고속버스와 시외버스를 이용할 수 있다. 김해공항에 내려 거가대교를 거쳐서 거제를 경유하여 오는 경우도 많다. 사천공항에 내려서 시외버스를 이용해 통영으로 들어오는 방법도 있다.

KTX

2028년 개통 예정인 '남부내륙철도'가 완공되면, 서울에서 2시간 대에 통영에 도달한다.

해상교통

항남동의 통영여객선터미널의 경우 인근 섬의 대부분을 경유한다. 삼덕항과 중화항에서도 욕지도, 연화도 경로 항로로 여객선이 취항한다. 사량도를 가려면 가오치항에서 출발하는 편도 있으니 통영여객선터미널과 비교해 보고 편리한 곳을 택한다.

인물 Celebrities

통영과 관계있는 역사 속 위인들은 이순신이 대표적이지만, 최영 장군도 있다. (35p 참고)
1950년~60년대는 통영 예술의 르네상스였다. 이 시대에 활동한 작가와 예술가들은 다음과 같다. 먼저 문인으로는 유치환, 유치진, 김춘수, 박경리, 김용익, 김상옥, 이영도가 있다. 화가는 전혁림. 음악가 윤이상 그리고 통영에 잠시 머무르며 관련 작품을 남긴 이들 중 시인 백석, 화가 이중섭, 시인 정지용 등이 유명하다. 공예가 김봉룡, 칠예가 김성수, 서양화가 김형근, 서양화가 이한우, 극작가 박재성, 작곡가 정윤주, 극작가 주평도 기억할 것. 조각가 심문섭, 화가 전영근도 있다.

통영은 인구 대비 전국에서 무형문화재가 가장 많은 곳이다. 나전장, 소목장, 두석장, 염장, 소반장, 갓장, 통영비연, 부채(서각), 전통한선 등의 부문에서 많은 분들이 활동 중이다. 특히 갓일 1명, 통영오광대 4명, 승전무 2명, 두석장 1명, 남해안별신굿 1명, 염장 1명, 소반장 1명이 국가무형문화재로 지정되었고 그 외에도 많은 아티스트들이 다수 활동하고 있다.

대중예술가 중에서는 배우 정유희, 가수 이소라, 가수 김연자, 아나운서 이금희, 코미디언 허경환 등이 통영 출신이다. 정치인으로는 변양균, 스포츠인으로는 국내 최초 카누 3관왕에 오른 통영 만지도 출신의 천인식 선수가 있다.

축제 Festival

통영국제음악제

작곡가 윤이상을 재조명하는 국제적인 음악축제로 올해 20주년을 맞았다. 일시 매년 3월 장소 통영국제음악당 문의 055-650-0400

윤이상국제음악콩쿠르

전 세계의 재능있는 젊은 음악인을 발굴하는 프로젝트로 피아노, 바이올린, 첼로를 매년 번갈아 가면 개최한다. 2022년엔 첼로 순이다.
일시 매년 11월 장소 통영국제음악당 문의 055-650-0400

통영국제트리엔날레

통영 전역에서 3년마다 열리는 국제문화예술제로 2022년 3월15일 부터 5월8일까지 열린 제1회 행사에 15만명이 방문했다.
일시 3년 마다 봄 장소 통영 전역

통영한산대첩축제

한산대첩과 충무공의 우국충정을 기리기 위한 축제로 볼거리가 풍부하다. 일시 매년 8월 장소 통영시 일원 문의 055-644-5222

한산도 바다체험축제
해양레포츠체험, 갯벌조개잡기, 고기잡기 등 다양한 체험행사가 열린다.
일시 매년 6월 장소 한산면 봉암마을
문의 한산면사무소 055-650-3600

욕지도 섬문화축제
120년 전 처음으로 욕지도에 정착한 것을 기념하는 섬문화 축제. 일시 매년 10월 장소 욕지면 동항 문의 욕지면사무소 055-650-3580

사량도 옥녀봉 전국등반축제
사량도의 아름다운 풍광을 활용한 섬문화축제
일시 매년 10월, 장소 사량도 일원,
문의 사량면사무소 055-650-3620

통영 ITU트라이애슬론
월드컵대회 수영, 싸이클, 달리기로 구성된 철인 3종 국제경기 일시 매년 10월 장소 도남동 트라이애슬론 광장 문의 055-650-4732

그 외에도 동피랑 마을 벽화축제 및 이순신장군배 전국윈드서핑대회/국제요트대회, 남해안컵 국제요트대회 등의 스포츠 행사가 있다.

먹거리 Local Foods
충무김밥과 꿀빵이 유명하다. 충무김밥은 여타 김밥과는 달리 속에 반찬을 넣지 않는 것이 특징, 맨김밥에 오징어(꼴뚜기)무침과 깍두기를 곁들인다 여름에 김밥 속이 쉽게 쉬어버리는 것 때문에 밥과 속을 분리해서 판 것에서 비롯되었다. 단팥소가 든 반죽을 동그랗게 만들어 튀긴 것에 물엿을 입혀낸 꿀빵도 통영의 대표 먹거리다.

또한 멸치와 굴, 멍게, 미역, 복어, 장어 등의 해산물도 많이 난다 섬으로 가면 매물도 미역, 사량도 야콘, 욕지도 고구마, 섬 지역의 방풍나물, 땅두릅, 유자 등도 난다. 통영에서 경험해 봐야 할 외식 메뉴로는 다찌집의 한상, 도다리쑥국, 우짜면, 생선회, 건생선구이, 멸치회무침, 복어해장국, 시락국, 멍게전골 등이다. 고구마로 만든 빼떼기죽도 별미다. 자세한 내용은 94p를 참고할 것.

지역 술 Local Drinks
전통 막걸리로는 도산, 산양, 광도에 양조장을 둔 법송탁주와 도산생막걸리, 광도막걸리, 산양막걸리가 있고 최근 양조를 시작한 욕지도양조장에서 만드는 욕지고구마막걸리가 있다. 개인이 빚는 술로는 탄산이 있는 '건축가가 빚는 막걸리'가 식당 '야소주반'을 중심으로 판매가 되고 있으며, 봉수골에 위치한 '빌레트의 부엌'에서 빚는 고메생약주도 있다. 최근 인기를 얻고 있는 수제맥주 양조장으로는 '라인도이치'와 '통영맥주'가 있다.

시장 Market
북신전통시장, 중앙시장, 서호시장 중 현지인들이 가장 많은 곳은 북신전통시장이다. 관광객들은 중앙시장에 많고 서호시장은 새벽에 열리는 시장이라 오후에 문을 닫는 곳도 많다.

여행의 팁 Tip

통영을 여행하는 여러 가지 취향 테마들

꽃 여행 동백은 겨울부터 봄에 걸쳐 길게 볼 수 있는 꽃이다. 장사도 해상공원에서는 4월 말까지 동백이 핀다. 겨울 동백은 한산도의 동백나무터널에서 볼 수 있다.

벚꽃하면 봉수골이다. 3월 말부터 4월 초 사이 벚꽃장막을 휘두른 것처럼 동네 전체가 동화마을로 변하며 벚꽃축제도 열린다. 광도천에는 봄엔 벚꽃, 여름엔 수국이 만발한다.

수국 명소는 단연 연화도다. 섬 전체가 수국 천지가 되어 '수국섬'이라는 별명이 있을 정도. 6월 중순부터 개화하기 시작해 7월까지 볼 수 있다. 광도천 수국은 2km 정도 천을 따라 피는데, 6월엔 '광도빛길 수국축제'가 열린다. 2023년엔 7회를 맞는다. 이순신 공원도 형형색색 다양한 수국을 보며 산책할 수 있는 곳이다. 바다와 수국이 어우러져 아름답다. 욕지도 신박동목장에서도 6월에 수국축제가 열린다. 개인정원이라 입장료가 있다. 옵타티오 펜션 게스트는 무료다.

정원 힐링 여행 최근에는 민간정원이나 식물원을 찾는 것도 여행의 대세다. 대부분 카페와 함께 있어 입장료를 내면 차 한잔을 마실 수 있다. 통영동백커피식물원은 동남아의 정글을 탐험하는 느낌이다. 바나나와 파인애플 같은 열대과일과 열대식물들이 조성되어 있고, 180m 정도의 커피나무길이 있어 커피체험도 할 수 있다.

통영에 민간정원으로 등록된 곳은 통영동백커피식물원을 포함하여 총 5개소이다. 2021년에 개원한 최신상 정원인 물빛소리정원에서는 봄에는 수선화와 벚꽃, 여름에는 수국과 백합, 가을엔 단풍, 겨울에는 팔손이 등 사계절 다양한 꽃을 만날 수 있다. 25평의 독채 펜션과 카페와 함께 운영한다. 도산면의 춘화의 정원은 분재와 폭포, 암석, 연못이 어우러진 분재예술정원 겸 카페다. 나폴리농원은 미륵산 중턱 편백나무 숲에서 산림욕을 즐길 수 있는 곳으로 관광객들에게 이미 유명하다. 코스는 1시간 정도로 맨발치유체험, 해먹쉼터에서의 휴식, 족욕 등의 체험을 할 수 있다. 도산면의 해솔찬정원은 산책로를 따라 130여 종의 다양한 수종의 나무와 야생화를 볼 수 있는 개인정원이다.

섬 여행 www.badaand.com
섬을 가는 방법에는 3가지가 있다. 정규여객선, 유람선 그리고 요트다 여객선을 타려면 통영항 연안여객선터미널 외에도 통영 곳곳에 크고 작은 선착장들을 이용한다. 통영 외 거제의 저구 터미널 그리고 사천의 삼천포에서도 통영의 섬들로 가는 정기여객선이 오고 간다 목적지별로 타는 곳은 아래와 같다.

통영항 연안여객선터미널: 한산도 사량도 욕지도 매물도 연화도 소매물도 비진도 비산도 우도 용초도 상노대도 하노대도 죽도 추도
삼천포: 사량도 두미 도 수우도
삼덕항: 욕지도 연호 도
가오치 터미널: 사량도
중화항: 욕지도 연호 도
달아항: 연대도 만자 도
용남면 적촌선착장: 지도
연명항: 만자도

거제저구터미널에서는 매물도와 장사도, 삼천포에서는 사량도, 두미도, 수우도로 가는 배가 있다.

통영유람선터미널 (www.uram.or.kr)에서는 한산도, 장사도 유람선을 운영하며 요트는 통영요트로 검색하면 많은 업체가 다양한 코스를 안내한다. 특정 섬에 가고 싶으면 요트를 차터할 수 있다.

요트여행/선셋크루즈
한국해양소년단(@tvboat 055-644-8082)의 '통영 해상택시'로 낭만적인 통영의 밤바다를 돌아볼 수 있다. 최고 야간 액티비티로 선정된 '통영밤바다 야경투어' 외에도 '한산대첩 승전항로코스', '제승당 코스'도 있다. 달보드레쉼터에서 출발한다. 그 외에도 통영요트학교(www.tyyacht.com), 한산마리나 요트(www.hansanmarina.co.kr/055-648-3332), 아라마린(amservice.modoo.at), 오션브리즈(@breezeyacht) 등 다양한 업체들이 요트 투어 및 챠터 프로그램을 운영한다. 선셋투어 중 인기가 많은 아라마린 선셋투어는 통영 전문여행사 사월의 모비딕(@tourorjust/www.aprilmobydic.com/010 9914 2007)을 통해서도 예약이 가능하다.

박물관/미술관/기념관 탐방
통영시립박물관, 통영시민문화회관과 남망산조각공원, 통영옻칠미술관, 전혁림미술관은 통영의 문화예술을 이해할 수 있는 공간이다. 아울러 통영과 관계있는 셀럽작가들의 흔적을 찾아 윤이상기념공원기념관, 박경리기념관, 청마(유치환)문학관과 중앙우체국, 김춘수유품전시관, 김용식김용익기념관 등을 둘러본다. 이중섭의 흔적이 있는 항남동의 구) 시드니카페 건물, 벽석 시비와 명정, 미륵산의 정지용 시비 등도 있다.

Before You Go
아는 만큼 보인다

조금 다른 여행을 원하다면 조금만 더 부지런해지면 된다.
물론, 방구석 여행도 권장한다. .

Editor 편집부

BOOK

김약국의 딸들
박경리 지음 | 마로니에북스 | 2013

통영 출신의 대문호 박경리의 대하소설로 〈토지〉이전인 1962년에 발표됐다. 통영을 배경으로 한 묘사가 워낙 사실적이라 이 책을 읽고 나면 서피랑에 머무는 시간이 길어진다. 주인공 김약국과 그의 부인 한실댁, 그리고 김약국의 다섯딸들을 중심으로 펼쳐지는 한 가족의 역사는 영화와 드라마로도 수차례 제작된 바 있다.

통영을 만나는 가장 멋진 방법, 예술기행
통영길문화연대 지음 | 남해의 봄날 | 2016

통영을 대표하는 출판사, 남해의 봄날에서 펴낸 본격 통영가이드다. 통영과 관계 깊은 예술가들이 태어나고 자랐던 골목, 학교 가는 길, 서로 교류하며 문화 운동을 펼쳤던 곳, 연정을 품고 시와 편지를 썼던 자리 등 이야기들의 장소를 찾아내, 장인지도, 문학지도, 공연지도를 만들었다. 생생하고 깊이 있게 한국 최고의 예술가들이 남긴 발자취를 둘러볼 수 있는 통영 테마 여행서의 고전.

통영 섬 부엌 단디 탐사기
김상현 지음 | 남해의봄날 | 2014

통영 토박이인 김상현 저자는 지역신문에서 기자로 활동한지 20년이 넘은 통영 마당발이다. 그가 발로 뛰며 취재한 통영 섬의 깊숙한 이야기들이다. 섬의 옛 부엌 모습과 부엌 문화 속 생활 유산을 기록했다. 통영 섬들을 수차례 방문하여 작성한 이야기들. 그 깊숙한 접근이 다른 책과는 확연히 구별된다. 2021년 발행된 〈통영 섬 어무이들의 밥벌이 채록기〉에서 내용이 더 심화되었다. 관심이 있다면 모두 읽어볼 것.

통영백미
이상희 지음 | 남해의 봄날 | 2020

열두 달 계절의 변화에 발맞춰 먹고, 일하고 살아가는 통영 사람들의 삶과 역사와 그들의 식탁을 풍성하게 채워 온 바다와 땅의 제철 재료들, 딱 그 계절에 알맞은 식재료를 가장 맛있게 먹을 수 있는 조리법까지 생생하게 담은 책. 계절 식재료를 월별로 소개했고, 그 재료로 만들 수 있는 음식의 레시피까지 소개했다. 통영음식문화연구소 대표인 저자는 통영에서 40년 가까이 시장과 섬 구석구석을 다니면서 통영의 전통음식들을 촬영하고 기록하고 연구해 왔다.

통영은 맛있다
강제윤 이상희 지음 | 생각을 담는 집 | 2013

"통영은 행정구역은 경상도지만 맛의 유전자는 경상도 혈통이 아니다." 경상도지만 경상도가 아닌 통영의 특별한 맛, 그 근원을 찾아 떠나는 책이다. 통영에 반해 통영에 살고 있는 시인 강제윤이 만든 깊이 있는 콘텐츠로 단순한 통영 음식 탐색만이 아닌 맛에서 시작되는 통영의 멋, 통영의 문화와 역사까지 아우르는 책이다.

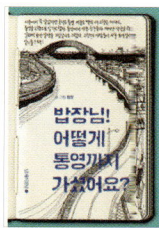

밥장님! 어떻게 통영까지 가셨어요?
밥장 지음 | 남해의 봄날 | 2019

일러스트레이터 밥장의 통영 정착기. 평범한 회사원이 그림에 빠져 일러스트레이터로 직업을 전환하고, 어느날 문득 부모님의 고향인 통영에 '한달살기'를 하고 싶단 생각으로 시작된 통영 여행이 그를 통영시민이 되도록 이끌었으니 인생은 예측불허. 여느 관광객처럼 케이블카, 꿀빵, 충무김밥이 통영의 전부인 줄 알았던 그가 한 해 한 해 계절을 나며 통영의 속살을 발견하는 이야기가 재미있다.

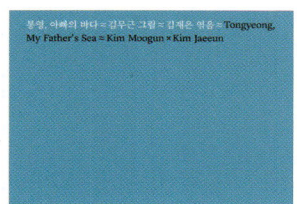

통영, 아빠의 바다
김무근 그림 | 김재은 엮음 | 플랜씨 2020

휠체어에 앉은 아빠가 그린 그림을 딸이 책으로 엮어낸 따뜻한 책이다. 갑자스런 하반신 마비로 그림을 시작한 아빠, 2016년 아빠 김무근은 고향에 내려가 본격적으로 그곳의 풍경을 그리기 시작했다. -"눈을 감으면 한눈에 담기는 내 고향이다. 그리움이 오죽했으면 신혼여행지로 이곳을 택했을까? 귀향하니 충무호텔은 사라지고 음악당이 신축되어 있었다." 벚꽃이 만개한 2017년 어느 봄날, 부모님은 신혼여행에서 눈에 담았던 아름다운 풍경을 40년 만에 함께 바라보고 계셨다.- 책을 통해 아빠를 더 잘 알게 되었다는 딸과 함께 사랑이 가득한 또 다른 통영을 여행할 수 있다.

내일도 통영섬
최정선 지음 | 귀뜸 | 2019

결혼으로 통영에서 제2의 삶을 살게 된 저자는 통영에 대한 호기심으로 〈내가 본 진짜 통영〉을 집필하였고 이후 통영 관련 콘텐츠 제작에 꾸준히 참여하고 있다. 저자는 통영의 섬 570 개 중 유인도 41개를 2013년부터 2019년까지 성실하게 돌아봤다. 목차를 보니 광도면, 도산면, 용남면, 산양읍에 있는 입도, 저도, 연도, 읍도, 어의도, 수도, 해간도 등이 궁금해졌다. 오랜 시간 공을 들인 통영 섬 여행 가이드의 끝장판이다.

통영에 관한 책은 많다. 가벼운 여행 에세이부터 소설, 인문학 서적과 이순신 관련 서적까지 합치면 제목만 열거해도 한 페이지가 훌쩍 넘을 것이다. 지면의 한계로 추가목록은 제목만 소개한다.

〈어딘가에는 원조충무김밥이 있다〉 정용재
〈걷고싶은 우리섬〉 강제윤
〈나나랜드〉 이쿵희
〈통영 : 한국의 땅과 사람에 관한 이야기 (대한민국 도슨트 6)〉 이서후
〈바다마을다이어리, in 통영〉 단아
〈명품어장 통영 12공방이야기〉 조윤주
〈통영사람 정창한의 인정유한〉 강성운
〈통영, 느리게 걷기〉 이경원
〈내가 본 진짜 통영:묘사할 한 줄 문장을 찾기 힘든 곳〉 최정선, 이성이
〈윤이상, 상처입은 용〉 윤이상, 루이제 린저
〈꽃신〉 김용익

MOVIE & TV DRAMA

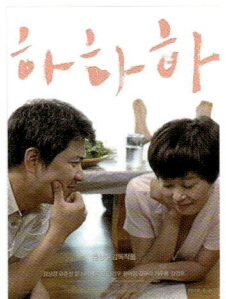

하하하
홍상수 감독 | 김상경 주연 | 2010

두 남자가 막걸리를 마시며 지난 여름 각자의 통영 추억을 이야기한다. 주인공 문경(김상경)은 통영의 어머니(윤여정)집에 머무는 동안 만나게 된 성옥(문소리)과의 '썸'을 풀고, 중식은 애인 연주(예지원)와 함께 한 통영 여행에서 만난 성옥 커플에 대한 이야기를 하는데 결국, 둘이 같은 이들을 만났다는 것을 깨닫는다. 청량한 통영을 배경으로 호동식당, 나폴리모텔, 제승당, 강구안 등이 등장해 보는 동안 눈이 즐겁다. 물론 영화도 재미있다.

한산:용의 출현
김한민 감독 | 박해일 주연 | 2022

1천7백만 관객을 동원했던 2014년 작 〈명량〉그 이후 8년 만에 개봉하는 이순신 연작 시리즈 3부작 중 두 번째 이야기다. 수세에 몰린 조선을 방어하기 위한 이순신과 조선 수군들의 전략과 패기의 한산해전을 그린 전쟁액션영화. 박해일, 변요한, 안성기, 손현주, 옥택연 등이 출연했다. 2020년 촬영 후 코로나로 개봉이 미뤄졌다가 2022년 7월에 개봉한다. 이순신 3부작 중에서 3부 격인 〈노량:죽음의 바다〉은 이미 2021년 크랭크업 한 상태다.

김약국의 딸들
유현목 감독 | 엄앵란 최지희 주연 | 1965

박경리 작가의 〈김약국의 딸들〉 출간 3년 후 영화로도 만들어졌다. 옛날 배우들을 볼 수 있는 2005년에는 MBC 아침 드라마에서 드라마화되었다. 정인, 백호민이 연출하고 이정길, 정영숙, 엄수정, 임지은, 오승은이 김약국네로 출연했다. 배경은 1960년대로 각색되었다.

기화
문정윤 감독 | 백승연 주연 | 2015

히트작은 아니었지만 영상미가 뛰어난 영화로 통영의 모습을 잘 담아냈다. 철없는 아버지 '희용'과 고향 선배인 '승철', 그리고 4년 만에 교도소에서 출소하는 아들 '기화', 세 남자의 통영으로 떠나는 로드무비. 노을빛으로 물든 통영대교 위의 따스하고 아름다운 통영만의 절경이 그려진 포스터부터 시선을 잡아끈다.

검사내전
이선균 정려원 주연 | JTBC | 2019

검사들의 유배지로 불리는 남해안 끝자락의 진영지청에서 하루하루 살아가는 평범한 '직장인 검사'들의 이야기를 그린 드라마다. '진영'이라는 가상의 도시는 통영이다. 통영에서 올로케 촬영이 되었고 통영의 명소와 맛집이 두루두루 소개됐다. 검사들의 먹방이 화제가 되면서 보이는 ASMR이라는 말도 생겨났다. 통영 여행을 부르는 드라마다.

별에서 온 그대
전지현 김수현 주연 | SBS | 2013

400년 전 지구에 떨어진 외계남 도민준과 톱스타 천송이의 기적과도 같은 달콤 발랄 로맨스 드라마로 한국을 넘어서 아시아 전역에서 인기를 끌었다. 19회에 천국처럼 그려진 도민준 천송이의 씬이 바로 통영 장사도에서 촬영된 것이다. 아름다운 동백숲 정원은 지상낙원처럼 그려져 한 동안 장사도 여행객들이 줄을 이었다는 후문이다.

Music

통영이야기
어쿠스틱로망 (Acoustic Roman) | 2017
〈Long Time Ago〉 2020년 〈샤론술통〉

30대 중반에 동호회에서 만나 음악을 하다가 밴드를 구성하게 되었다. 보컬 정한, 기타 김지훈과 김동수(뚱타), 베이스 김대현, 퍼커션 문현준으로 구성된 5인조, 통영을 베이스로 활동한다. '통영이야기'는 2017년 발매된 〈Long Time Ago〉수록곡으로 지역을 중심으로 사랑받고 있다. 2020년 〈Long Time Ago〉를 발표. 운이 좋다면 통영 여행길에서 버스킹을 하는 그들을 만날지도.

통영에서의 하루
21세기소년 | 2022
〈통영에서의 하루 (feat. 이소영)〉

2022년 4월에 발매된 싱글앨범이다. 장르는 인디 락. 동명의 장편영화 〈통영에서의 하루〉의 테마곡이다. 서울과 통영을 오가며 촬영된 이 영화는 내리막 길 끝에 선 희연(유인영)이 통영에서 성선(이미도)과의 만남을 통해 다시 한번 희망을 꿈꾸는 버디무비. 20대의 한 시절을 함께했던 희연과 성선이 8년 만에 해후하는 여정을 희연의 시점으로 노래했다.

충무에서
강아솔 | 2022

1987년 생 제주도가 고향인 싱어송라이터. 이효리가 핑클 콘서트에서 강아솔의 1집 타이틀곡 '그대에게'를 부르기도 했다. 이제는 지도에서 사라진 아빠의 고향 '충무'에서의 추억을 담담하게 노래한다. 마지막 소절 '아빠의 고향/다 함께 갔던 바다 위 작은 섬들/이 모두를 다/충무라 부르지'에서 이 모두를 하나로 따스하게 보듬는다.

Tongyeong
Pe2ny (본명:도성일) | 2015

Pe2ny(페니,도성일)는 대한민국 작곡가/힙합 프로듀서다. 2000년 DJ soulscape와 함께 '소울 챔버'라는 팀으로 짧게 래퍼로 활동하다가 2001년부터 프로듀서로 전향, 에픽하이 등의 프로듀싱을 맡았고 2007년 타블로와 '이터널 모닝'이라는 프로젝트 그룹을 만들기도 했다. 연주앨범 위주로 곡들을 발표하는데 '통영'은 2015년 발표한 〈Night Whisper〉에 수록된 곡. 뮤지션 Dialogue가 가사를 붙인 '통영' 리믹스 트랙도 마지막 곡으로 담겨져 있다

Words On The City
'영감'의 문장들

동시대 거장들이 한 곳에 모여 문화와 예술을 논하던 일상이 아무렇지도 않았던 통영의 문화전성기. 그들에게 비쳤던 각자의 토영, 토영에 관한 문장들입니다. 그리고 요즘 가수들의 노래말도 소개합니다.

Editor 조은영

박경리 작가의 〈김약국의 딸들〉 제1장 '통영'중에서 발췌했습니다. 그 시다 통영을 담담하게 묘사합니다.

통영은 다도해 부근에 있는 조촐한 어항(漁港)이다. 부산과 여수 사이를 내왕하는 항로의 중간지점으로서 그 고장의 젊은이들은 '조선의 나폴리'라 한다. 그러니만큼 바닷빛은 맑고 푸르다. 남해안 일대에 있어서 남해도와 쌍벽인 큰 섬 거제도가 앞을 가로막고 있기 때문에 현해탄의 거센 파도가 우회하므로 항만은 잔잔하고 사철은 온화하여 매우 살기 좋은 곳이다. 통영 주변에는 무수한 섬들이 위성처럼 산재하고 있다. 북쪽에 두루미목만큼 좁은 육로를 빼면 통영 역시 섬과 별다름이 없이 사면이 바다이다. 벼랑가에 얼마쯤 포전(浦田)이 있고 언덕배기에 대부분의 집들이 송이버섯처럼 들앉은 지세는 빈약하다. 그래서 대부분의 주민들은 자연 어업에, 혹은 어업과 관련된 사업에 종사하고 있었다. 일면 통영은 해산물의 집산지이기도했다. 통영 근처에서 포획하는 해산물이 그 수에 있어 많기도 하거니와 고래로 그 맛이 각별하다 하여 외지 시장에서도 비싸게 호가되고 있으니 일찍부터 항구는 번영하였고, 주민들의 기질도 진취적이며 모험심이 강하였다.

평생 통영을 그리워했던 음악가 윤이상은 생전에 통영에 돌아올 수 없었습니다. 윤이상 기념관과 공원에서 그를 만나보세요. 통영국제음악당에서는 매년 위대한 음악가를 기리는 통영국제음악제가 열립니다.

유럽에 있던 38년 동안 나는 한번도 통영을 잊어본 적 없습니다. 그 잔잔한 바다, 그 푸른 물색! 가끔 파도가 칠 때에도, 잔잔한 풀을 스쳐가는 바람도 내겐 음악으로 들렸지요.

정지용 시인의 여행 산문을 모은 〈기행산문집〉에서 발췌합니다. 시인은 1950년 통영을 여행하고 6편의 산문을 남겼습니다. 그중 미륵산 정상에서 쓴 〈통영5〉가 가장 유명하지만, 통영 가는 배에서 쓴 〈통영 1〉과 한산도 제승당에서 쓴 〈통영 4〉도 발췌했습니다.

통영 1

영도 향파대 남창 유리가 검은 새벽부터 흔들린다. 새벽이 희여지자 유리창 밖 가죽나무 가지가 쏠리며 신록 잎알들이 고기새끼들처럼 떤다. 나는 적이 걱정이다. 바람이 이만해도 통영까지의 나의 배멀미가 겁이 난다. 청계말이 괜찮다는 것이다. 일백 팔십톤짜리 발동선이 뽀오-를 발하자 쾌청! 하기 구름 한 점 없이 우주적이다. 배 타보기 십여 년만에 나는 바다라기보다 바다의 계곡지댕니 다도해 남단 코오스를 화통 옆에서 밟아 들어간다. 바다는 잔잔하기 이른 아침 조심스럽던 가죽나무 잎 알만치 떨며 열려 나갈 뿐이다. 영도 송도를 뒤로 물릴쳐 보내고 인제 부터 섬들이 연해 쏟아져 나온다. 어느 산이 뭍산이오 어느 산이 섬산 인지 모르겠다. 일일이 물어서 알고 나가다가 바로 지친다. 금강산만 이천봉치고 이름없는 봉이 없었다. 어떻게 이 섬들과 지면인사를 마칠 세월이 있는 것이냐? 큰 섬 작은 섬에는 초가 하나 있는 섬이 있다. 집없는 섬에도 꼭두에 보리가 팬 데가 있다. 보리이삭 없는 바위 섬도 흙이 덮였기에 풀이 자라나는게지. 나무랄 것이 못 되어도 성금성금 다옥다옥 하다. 태고로 어느 열심한 식목가가 있었기에 심었겠는가? 몬지가 이 맑기 옥과 같은 하늘까지 이는 사막으로부터 날려왔기에 이 돌섬 이마에 머물러 흙으로 싸인 것이냐? 모를 일이다. 저우에 꽃이 핀다. 꽃가루는 섬에서 섬까지 나를 수 있다. 가을에 솔씨도 나를 수 있다. 섬에서 딴 섬으로 시집가는 신부일행의 꽃밭보다 오색 영롱한 꽃배를 보았다. 우리는 손을 흔들고 모자를 저었다. 햇살이 가을 국화처럼 노랗다. 갑파뉘로 북쪽은 바람이 차다. 바다라기보다 바다의 계곡을 나려 가는 것이니 섬그늘이 찰 수 밖에---열살이랬는데 일곱 살 만치 체중이 가벼운 움짓 못하고 멀미앓는 소녀를 나는 무릎에 앉히고 바람을 막는다.『너 어디 살지?』『저어 하--동읍에 살고 있지요.』낭독하듯 한다.『너 이름이 무엇이지?』『성은 정가고 이름은 명순입니다.』나는 소년시절에 부르던 유행가적 정서를 회복한다.

통영 4

충무공의 진영(眞影)이 남아계시지 않다. 모필과 먹으로 이루어지신 충무공의 전집과 필적까지 충분히 뵈일 수 있으나 충무공 살아계실 적 체격이 어떠하신지 얼굴이 어떠하신지 알 길이 없다. 다단단한 국난에 일생을 치구하시노라고 화공을 불러 진영을 남기실 한가가 없으셨으려니와 겸양 직극하신 충무공의 성자적 기질이 진영을 남기시지 않았으리라고도 생각된다. 청마대 이층에 밤에 앉아 우리는 이곳 친구들과 한산도 제승당에 모신 충무공의 신구(新舊)영정에 대한 인상을 의론한다. 누구는 충무공 새 영정이 너무 무장의 기개가 없이 문신의 기풍이 과하다고 이르고, 누군는 충무공께서는 반드시 대장부가 아니었을 것이오, 소위 선풍도골도 아니시었을 것이오, 반드시 무강하신 무서운 얼굴도 아니시리라고 나는 차라리 이 의론에 귀를 기울이며 충무공께서는 외화가 평범하시기 소위 문무를 초월하신 일개 성자와 같으시리라는 의견을 세우고 편이 갔다. 다음날 배를 저어 물길 삼십리를 지나 한산도 제승당에 올라 새로 모신 영정을 뵈었다. 내 의견에 풍족한 영정이시다. 세상에 그렇게 무섭고 잘난 사람이 어디 있으랴! 투구에 갑옷에 장검을 잡으시신 조선민족중에 제일 얌전하시고 맑고 옥에 티없웃듯이 그리워지셨다.

초상화 그린 화백을 칭찬할 수 있는 것이 아니라, 우리 민족의 후예는 모두 충무공처럼 생겼으면 좋겠다고 생각한다. 영정 모신 정당이 협착하기가 충렬사 사당 이상이다.『한산섬 달밝은 밤어……수루에 앉었으니……』하신 수루 둘레에 고목이 울창하다. 나무 꼭두마다 무수한 해오리의 황새들이 깃들이고 끼루룩거린다. 앞개에는 저녁조수가 닥아온다. 이 골짝이까지 왜선 칠십여척을 끌어들이ᄋ 빠져날 길목을 모조리 막고 두들겨 분쇄섬결하신 충무공과 충용한 장병들의 위대한 전적은 거저 사담조설이 아니다. 당시에 울던 조수가 오늘도 천병만마처럼 울부르짖는다.

통영5

통영과 한산도 일대의 풍경 자연미를 나는 문필로 묘사할 능력이 없다. 더욱이 한산섬을 중심으로 하여 한려수도 일대의 충무공 대소 전첩기를 이제 새삼스럽게 내가 기록허야 할 만치 문헌이 부족한 것도 아니다. 우리가 미륵도 미산산 상봉에 올라 한려수도 일대를 부감할 때 특별히 통영포구와 한산도 일폭의 천연미는 다시 있을 수 없는 것이라 단언할 뿐이다. 이것은 만중운산 속의 천고 절미한 호수라고 보여진다. 차라리 여기에서 흐르는 동서 지류가 한려수도는커녕 남해 전체의 수역을 이룬 것 같다. 통영에 대한 요구와 기대는 이 이상 찾고자 아니한다. 위대한 상공도시가 되어자이다. 빌지 않는다. 민생의 복리를 위하여 통영은 위대한 어촌어항으로 더 발전하면 족하다. 민족의 성지 슨레지로서 영원한 품위와 방향을 유지하면 빛날 뿐이다. 지세 현실상 용남면 장문리 원문고개 위 고성으로 통하는 넓이 섬 백 메터쯤 되는 길을 막고 보면 통영읍은 한 개의 적은 섬이 될 것이오 미곡시란 가을 김장 무배추가 들어올 육로길이 막히는 것이다. 농업지도 될 수 없어 봉오리란 봉이 모두 남풍에 보리가 쓸린다. 위로 보릿빛 아래로 물빛 아울리기 이야말로 금수강산 중에도 모란꽃 한송이다. **햇빛 바르기 눈이 부시고 공기가 향기롭기 모세관마다에 스미어든다. 사람도 온량하고 근검하고 사치없이 한갈로 히고 깨끗하다. 날품파리 지게꾼도 기운 무명옷이 히다. 유자와 아열대 식물들이 길옆과 골목 안에서 자란다. 큰 부자 큰 가난이 없이 브즈런히 소다.** 부산 마산 사이에 특이한 전통과 현상을 잃지 않는 어항도시다. 통영서 경북 본선까지의 철도가 부설된다면 부산을 경유하지 않고 산간벽지까지에도 생선의 분배가 고를 것 같다. 다시 왜적 침입도 가망더 없다. 다만 〈맥아더라인〉이 철폐되는 경우에는 일본 밀어선의 침입이 염려될 뿐이다. 신흥 민국의 해군 근거지 진해군항이 옆에 엄연히 움직인다. 비행기로 원근향 역류의 대진군을 발견하자. 최근 어로기술르 어업생산을 확대하자.

해외에서 더 인정받았던 '마법의 펜', 통영이 고향인 소설가 김용익의 소설 〈꽃신〉 머리글입니다.

나는 미국, 유럽의 하늘도 보고 산길도 걸었으나 고국 하늘, 고향 길이 늘 그리웠다. 돌과 풀 사이 쇠똥에 발이 빠졌던 그 골목길이 그리웠다. **나의 이야기는 내 밑바닥에 깔린 고향에 대한 시감이 원천이니 그것은 바로 나의 노래다.**

첫 눈에 반한 숙명여고보 여학생 '란'을 만나기 위해 통영을 여러 번 방문한 시인 백석도 통영에서 남긴 시가 여러편 있습니다. 〈통영〉과 〈통영2〉에서 추린 문장입니다.

옛날엔 통제사가 있었다는 낡은 항구의 처녀들에게는 옛날이 가지 않은 천희라는 이름이 많다. 미역오리 같이 말라서 굴껍질처럼 말없이 사랑하다 죽는다는 이 천희의 하나를 나는 어느 오랜 객주지의 생선 가시가 있는 마루방에서 만났다. 저문 유월의 바닷가에선 조개도 울 저녁 소라방등이 붉으레한 마당에 김냄새 나는 비가 나렸다.

바람 맛도 짭짤한 물맛도 짭짤한/전복에 해삼에 도미 가재미의 생선이 좋고/파래에 아개미에 호루기의 젓갈이 좋고/새벽녘의 거리엔 쾅쾅 북이 울고/밤새껏 바다에선 뿡뿡 배가 울고/자다가도 일어나 바다로 가고 싶은 곳이다. 집집이 아이만한 피도 안 간 대구를 말리는 곳/처녀들은 모두 어장주(漁場主)한테 시집을 가고 싶어 한다는 곳/산 너머로 가는 길 돌각담에 갸웃하는 처녀는 금(錦)이라는 이같고/내가 들은 마산 객주집의 어린 딸은 난(蘭)이라는 이같고
난(蘭)이라는 이는 명정(明井)골에 산다는데/명정골은 산을 넘어 동백나무 푸르른 감로(甘露)같은 물이 솟는 명정(明井)샘이 있는 마을인데/샘터엔 오구작작 물을 긷는 처녀며 새악시들 가운데 내가 좋아하는 그이가 있을 것만 같고/내가 좋아하는 그이는 푸른 가지 붉게붉게 동백꽃 피는 철엔 타관 시집을 갈 것만 같은데/긴 토시 끼고 큰머리 얹고 오불고불 넘엣거리로 가는 여인은/평안도서 오신 듯한데 동백꽃 피는 철이 그 언제요./옛 장수 모신 낡은 사당의 돌층계에 주저앉아서/나는 이 저녁 울 듯 울 듯 한산도(閑山島) 바다에 뱃사공이 되어가며/녕 낮은 집 담 낮은 집 마당만 높은 집에서 열나흘 달을 업고 손방아만 찧는 내 사람을 생각한다.

꽃의 시인 김춘수도 통영이 고향입니다. 김춘수 유품 전시관에서 만난 글입니다.

요즘도 나는 화창한 대낮 길을 가다가 문득 어디선가 갈매기 우는 소리를 듣곤 한다. 물론 환청이다. 갈매기의 울음은 고양이의 울음을 닮았다. 바다가 없는 곳에 사는 것은 답답하다. 바다가 보고 싶은데 뜻대로 되지 않는다. 내 고향 바다는 너무나 멀리에 있다. 대구에서 20년이나 살면서 서울에서 10년 넘어 살면서 나는 자주 자주 바다를 꿈에서만 보곤 했다. 바다는 나의 생리의 한 부분처럼 되었다. 바다, 특히 통영(내 고향) 앞바다- 한려수도로 트인 그 바다는 내 시의 뉘앙스가 되고 있다고 나는 스스로 생각한다. 그 뉘앙스는 내 시가 그 동안 어떻게 변화해 왔든 그 바닥에 깔린 표정이 되고 있다. 나는 그렇게 혼자서 스스로 생각한다."

이제는 누구도 부르지 않는 이름 됐지만/
할머닌 이곳을 내내 지키셨고/
부모님은 돌아올 곳이 있었네/
지도에선 사라졌지만/
여전히 내겐/또 다른 바다/
할머니의 집/다 함께 탔던 어부의 작은 배와/
처음 만난 사촌 오빠들/
낯설지 않던/또 다른 말투/
아빠의 고향/다 함께 갔던 바다 위
작은 섬들/
이 모두를 다/충무라 부르지

강아솔의 〈충무를 기억해〉입니다.
가사가 서정적이고 노래도
참 아름답습니다.
한 번 들어보세요.

시원한 바다 바다 바다/ 그속에 그대와 나 왔나 왔나/
그대 날 안아 안아 안아 주는 그 곳/설레는 마음 가득 안고/
떨리는 두 손 마주 잡고/랄랄라 콧노래를 부르며 걸어요/
아름다운 동피랑 언덕을 지나/그림같은 이순신 공원을 걷네/
달짝찌근 맛 좋은 꿀빵을 손에 들고/함께가요 통영

**한산도 비진도 장사도 매물도/아름다운 섬들의 노래/
새콤달콤 깍두기 오징어무침 시락국에 충무김밥/**
힘들때 웃자 다함께 우짜/우동과 짜장의 아슬한 만남/
사람과 자연이 함께 만드는 통영이야기/

설레는 마음 가득 안고/떨리는 두 손 마주 잡고/
랄랄라 콧노래를 부르며 걸어요/붉게 물든 석양의 달아공원도/
푸른 하늘 미륵산 케이블카도/그대 맘을 물들인 거리의 악사들도/
함께해요 통영 함께해요 통영

근심일랑 잠시만 내려놓아요/걱정따위 바람에 날려버려요/
눈을 감고 지금을 마음껏 느껴봐요/
바로 여기 통영에서

통영 출신의 밴드 '어크스틱 로망'을 아세요? 달보드레 쉼터에서 출발하는 요트를 타고 돌아올 무렵이면 이들의 통영 찬가 〈통영이야기〉가 스피커를 타고 흘러나옵니다. 얼마나 신나는지요? 가사 하나하나가 여행객의 마음을 들썩입니다.

Welcome
그거 아세요?

통영과 훌쩍 더 가까워지고 싶은 이들을 위한, 비장의 노트!

Editor 편집부

해녀 100년의 역사

통영은 제주 출신 해녀들이 가장 많이 정착해 살고있는 제주 외 지역이다. 1920년대부터 제주 해녀들이 욕지도, 한산도, 사량도 등으로 건너와 물질을 해왔다. 미수동 통영대교 아래 '제주해녀상'은 2015년 건립된 것으로 해녀들의 통영 바다에서 삶의 꾸려 온 한 해녀들을 기리며 자긍심을 담은 동상이다.

제주엔 돌하르방, 통영엔 통영벅수

경상도 지역에서는 장승을 '벅수'라고 부른다. 원래 장승은 이정표 또는 마을의 수호신의 역할을 하며 보통 남녀 한 쌍의 모양으로 마을 입구에 세워져 있다. 통영의 문화동벅수는 화강암으로 만들어진 돌정승이며 유례가 드문 독장승이라는 점에서 그 가치를 인정받아 1968년 국가민속문화재 제7호로 지정됐다. 1906년에 세병관 입구에 세운 것으로 도심 개발로 40년간 다른 곳으로 옮겨졌다가 2021년 원래 자리로 돌아왔다.

통영어

토영: 통영 옛 사람들은 통영을 경상도식 사투리 발음으로 토영이라 불렀다. 지금도 많은 가게들이 토영이란 단어가 들어간 상호를 가지고 있다.

꿀: 통영산 굴은 겨울의 대표적 먹거리다. 현지인들은 굴을 '꿀'이라고 부른다.

이야: 언니나 누나, 형님을 부르는 다정한 말. 〈김약국의 딸들〉에도 이 단어는 자주 등장한다.

새미: 우물

바당: 바다를 '바당'이라 부르는 것은 제주와 같다.

고메: 욕지도 지역의 특산물인 고구마를 '고메'라고 부른다. '고메'를 말려 만든 빼떼기죽도 통영 토속음식 중 하나다.

피랑: 벼랑, 절벽을 이르는 말로 동피랑, 서피랑, 디피랑 등에서 '피랑'이란 단어를 찾아볼 수 있다.

호래기: 오징어의 새끼를 이르는 꼴뚜기의 방언이다. 호래기젓갈, 호래기회 등으로 즐긴다.

나물: 너물

최영 장군

통영은 이순신뿐만 아니라 최영 장군과도 깊은 관계가 있다. 고려 시대 명장이었던 최영 장군은 공민왕 23년(1371)에 왜구의 침략을 막기 위해 수많은 병사와 주민들을 동원하여 성을 쌓고 왜구를 물리쳤다. 이곳이 당포성이다. 임진왜란 때 왜구들이 이 성을 점령하였으나 이순신이 다시 탈환하였는데 이것이 당포승첩이다. 미륵도에 위치한 당포성에서 바라보는 바다가 새삼스럽다. 한적하고 아름다운 곳으로 시간이 된다면 방문해 보길 권한다. 또한 사량도에는 최영장군의 사당이 있는데 사당 안에는 '고려공신최영장군영위'라고 적혀 있는 위패가 있다. 해마다 음력 정월 섣달에 주민들이 장군에게 제사를 올린다.

〈돌아와요 부산항에〉는 원래 '충무항'이었다.

1976년 발표된 조용필의 메가 히트곡, 〈돌아와요 부산항에〉는 이보다 앞선 1970년 김해일이 발표한 〈돌아와요 충무항에〉를 개사한 곡이다. 김해일(김성술, 작사가로 활동한 이름)은 가사를 쓰고 노래도 불렀는데 안타깝게도 불의의 사고로 요절했다. 작곡자였던 황선우는 후에 충무를 부산으로 개사하여 곡을 발표하게 되고 이후 전국적으로 알려졌다. 원곡의 가사를 음미해 보면 통영 곳곳의 정겨운 장면들이 눈에 선하다.

돌아와요 충무항에
(김성술 작사, 황선우 작곡, 김해일 노래)

1. 꽃피는 미륵산엔 봄이 왔건만/ 님 떠난 충무항은 갈매기만 슬피우네/ 세병관 등근기둥 기대여 서서/ 목메어 불러봐도 소리없는 그사람/ 돌아와요 충무항에 야속한 내 님아//

2. 무학새 슬피 우는 한산도 달밤에/ 통통배 줄을 지어 웃음꽃에 잘도 가네/ 무정한 부산 배는 님 실어가고/ 소리쳐 불러봐도 간곳없는 그 사람/ 돌아와요 충무항에 야속한 내 님아//

통영의 해변
섬 지역으로 가지 않는 이상, 통영 관내에는 해수욕이 가능한 해변이 딱 한 군데밖에 없다. 바로 통영 유일의 관내 공설 해수욕장인 수륙해수욕장이다. 수륙해수욕장은 삼칭이해안길의 초입에 있으며 옛 이름은 충무해수욕장이다. 해안선의 길이가 550m 정도이며, 자갈과 모래로 이루어져 있다. 파도가 잔잔하고 수심이 얕아 가족들이 즐기기에 적합하며, 시내버스가 2~3분 간격으로 운행하는 종점과의 거리가 200여 m에 불과해서 대중교통을 이용하기도 편리하다.

100대 명산이 2개!
바다를 품고 있는 까닭에 통영의 산들은 더욱 특별하게 느껴진다. 그 중 대한민국 100대 명산에 이름을 올린 산은 총 2가다. 먼저 미륵산(458.8m)은 용화산으로 불리기도 하며, 산양읍 북쪽에 위치한다. 정상에서는 한려수도 일대를 한눈에 조망할 수 있고, 청명한 날엔 대마도까지 보인다. 2008년 봉평동에서 미륵산 정상 전망대를 연결하는 케이블카가 설치되어 쉽게 정상까지 오를 수 있지만, 그럼에도 미륵산 산행은 여전히 매력적이다. 미래사 주차장에 차를 세우고 두시간 반 정도 등반하면 정상까지 오를 수 있다. 봉수동에서 올라가는 길도 있다. 사량도의 지리산(398m)은 360도 파노라마로 펼쳐지는 바다 절경으로 유명하다. 저 멀리게 지리산 천왕봉이 손에 잡힐 듯 보인다고 해 '지이망산(智異望山)'으로 부르기도 한다. 4시간 30분, 3시간 등 네 개의 등산로 중 난이도에 맞게 선택하면 된다. 깎은 듯한 바위와 로프를 타고 올라가는 봉우리, 직각에 가까운 아찔한 철계단이 있어 쉬운 코스는 아니다. 한편, 통영에서 제일 높은 산은 벽방산(650.3m)이다. 고찰 안정사(安靜寺)를 품은 벽방산에서 시작한 산줄기가 천개산, 도덕산, 제석봉을 거쳐 통제영의 주산인 여황산으로 이어진다. 벽방산을 '통영의 조산(祖山)'으로 부르는 이유다.

한려해상국립공원
가장 아름다운 바닷길로 이름이 난 한려수도의 '한려'라는 명칭은 통영 한산도의 '한'과 여수시의 '여'를 한 글자씩 딴 것이다. 한려해상국립공원은 거제시 지심도부터 전남 여수시 오동도에 이르는 남해안의 해상국립공원으로 거제시, 통영시, 사천시, 남해군, 하동군, 여수시까지가 해당된다. 1968년 지정, 300리 뱃길을 따라 크고 작은 섬들과 천혜의 자연경관이 조화를 이루는 해양생태계의 보고이다. 한편, 1981년게 지정된 다도해해상국립공원은 어디부터 어디까지일까? 신안군 홍도에서 여수시에 이르는 황해와 남해 해상에 위치한 해상 국립공원이다.

ON THE MOVE
[마음껏 돌아다니다]

44

45

여행의 기술

통영이 '동양의 나폴리'라지만,
제가 보기엔 '프로방스'를 더 닮았습니다.
위대한 예술가들이 태어났고, 자랐고,
외지에서 모여들고, 지금도 곳곳에 크고 작은 족적을 남기고 있지요.
찬란했던 과거의 예술가들을 추앙하는 것도 중요하지만
MOVE 는 지금 현재 통영의 예술가들, 이웃들을 기억하고 싶습니다.
업을 묵묵히 이어가는 장인들, 자신이 사는 동네 골목을 아름답게 채워나가는 작은 손길들,
오늘 하루 작업 테이블에 꽃 한 송이 얹는 그 다정한 마음들…

그런 의미에서 통영은 '예향의 도시'인 동시에 '예술가의 도시'입니다.
통영국제음악제와 통영국제트리엔날레 등이 개최된 의미이기도 하겠지요.
통영의 현재를 살아내고 있는 예술가들과 함께 하는 여행은 지금 밖에 할 수 없습니다.
그들과 대화하고, 배우고, 삶을 나눌 기회는 바로 지금입니다.
그들이 펼치는 작은 동네 이야기로 MOVE 의 통영을 열겠습니다.

Editor 조은영

01 풍화일주로

02 봉수골

03 화삼리

04 서피랑

ON THE MOVE ART OF TRAVEL 50

01
Around the Island
섬 처 럼 그 렇 게 , 풍 화 일 주 로

심장이 쿵쾅쿵쾅 뛰기보단 멈춤과 운동의 순환이 느껴지는 느낌이 좋다. 섬 여행은 늘 그렇다. 낯선 절벽 위에 올라설 때의 떨림과 숨 막힘으로 떠나지만 어느새 가져간 그것들을 털썩 내려놓고 정지. 그리고 또 길을 따라 가다가 다시 정지. 심장도 발걸음도 그저 이끄는 대로 순환을 이루며 섬 속에 온전히 젖어들고 만다. 섬 아닌 섬, 미륵도의 끄트머리에서도 그랬다.

한려해상국립공원 속으로!

시내를 빠져나와 통영대교를 건너 미륵도로 들어섰다. 미수동을 지나 다시 서쪽으로 접어드는 길. 입구에서 '풍화리'라 표시된 낡은 이정표를 찾았다면 여기부터가 풍화일주로의 시작이다. 풍화일주로 초입에 있는 동부마을엔 전영근 화가의 작업실과 그의 아버지 전혁림 화백의 묘소가 있다. "풍화리어 왔다면 한려해상국립공원 안으로 들어온 거예요. 국립공원으로 지정되어 있어서 무분별하게 개발을 할 수 없는 지역이죠. 저에게는 최고의 작업공간이예요. 봉수골에 있는 미술관보다 사실 여기서 시간을 훨씬 많이 보낸답니다." 그의 안내로 풍화리 구석구석을 돌아보았다.

과거 섬의 흔적이 아련하게 남아있는 마을 풍화리는 '게 다리' 모양을 닮았다고 해서 조선시대에는 '게도'라고 불렀다. 뾰족하고 뭉툭한 만과 곶들이 끊임없이 교차하며 만들어낸 기다란 리아스식 해안을 따라 일주도로가 한 바퀴 원을 그리며 이어진다. 약 7km, 도로의 끝은 다시 그 길의 시작점으로 연결된다.

6년 전 서울에서 풍화리로 와 카페 드 안트워프의 문을 연 상국씨가 텃밭에서 막 딴 향긋한 로즈마리잎으로 차를 만들어 내왔다. 상국씨는 이곳에 진짜 살아있는 자연이 있다고 했다.

풍화일주로는 구불구불 돌아가고 언덕을 오르내리는 구간의 연속이다. 그 사이사이 그냥 휙 하고 지나치기엔 아까운 풍경들이 필름처럼 흘러간다. 부르지 않아도 한려해상국립공원이 나에게 다가온다. 차량이 드물어 잠시 정지할 수도 있지만 쉼의 넉넉함까지는 허락하지 않는다. 일주도로의 중간쯤. 함박마을에는 그 부족한 아쉬움을 원하는 대로 풀고 갈 수 있는 적당함이 있다. 이끼섬과 이름 모를 크고 작은 섬들이 바다 건너 병풍을 두르고 앉아 손님을 맞는다. 마을의 호젓한 공기를 마시며 느릿느릿 둘러봐도 긴 시간을 요구하지 않아 서두를 일도 없다. 마을 앞바다에는 바다와 더불어 살아가는 사람들의 보물들이 살아가고 있다. 풍화리의 가장 큰 재산 굴양식장은 물론, 멍게 배양장도 함께 한다. 2층 건물의 멍게 배양장은 루프톱과 커피 그리고 와이드한 바다뷰를 갖춘 카페가 됐다.

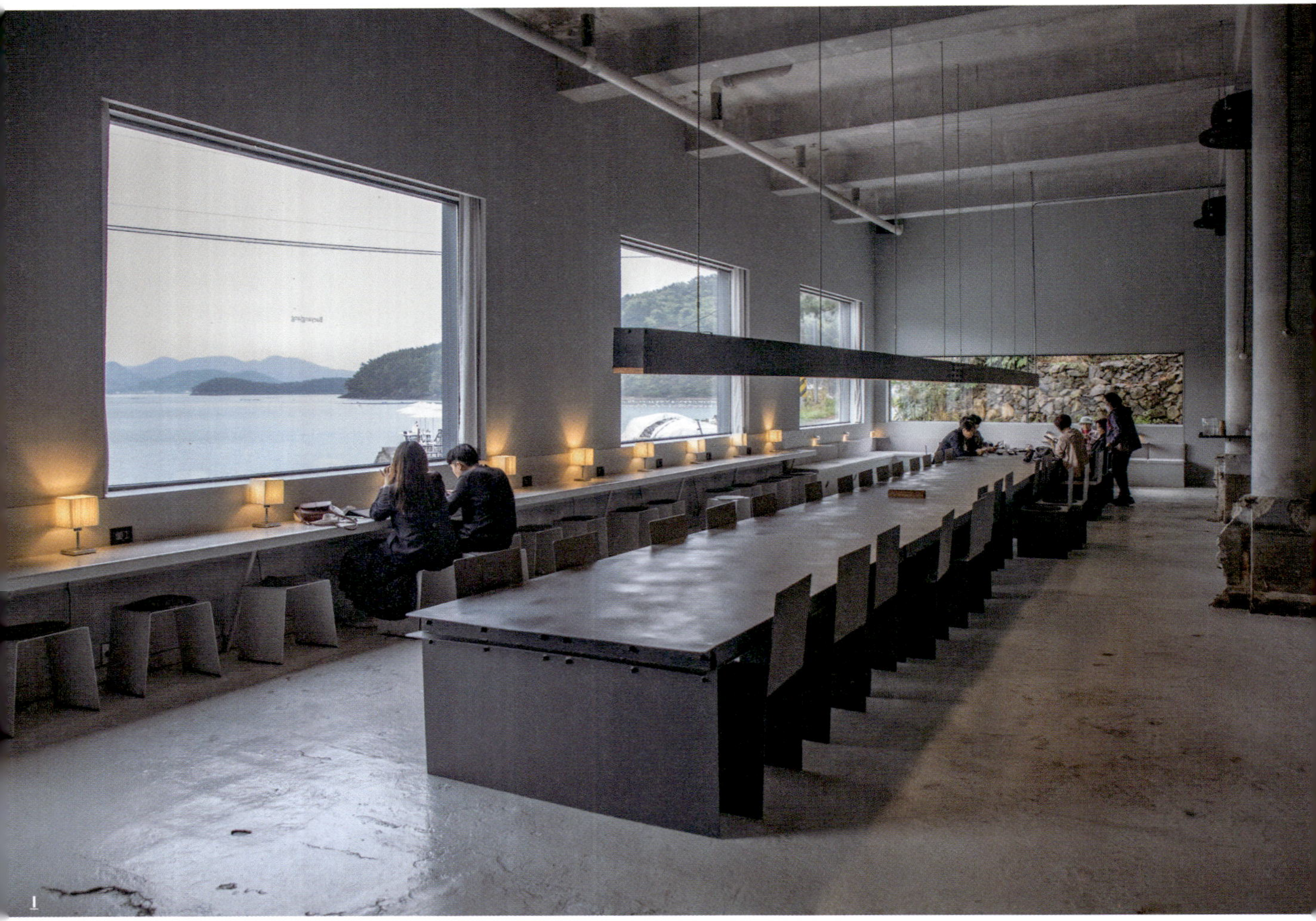

1

2

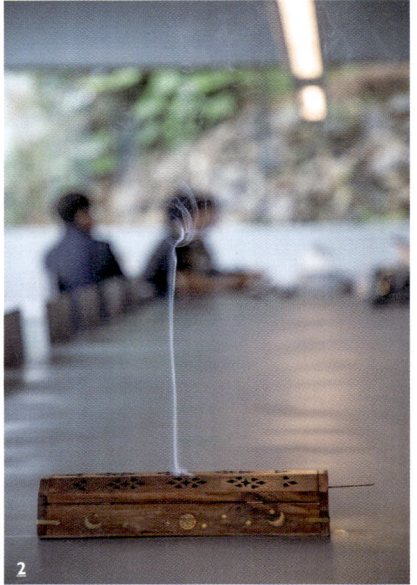

1.2. 멍게 배양장을 개조해 카페로 만든 모습
3.4. 촌집을 리모델링하여 레트로풍 카페로 변신시킨 통영 화소반
5. 아버지의 뒤를 이어 통영을 화폭에 옮기고 있는 서양화가 전영근

같은 풍화리라고 해서 사는 모습들이 다 같지만은 않다. 함박마을에서 남쪽으로 잠시 내려가면 명지마을이 있다. 이 마을에 들어서면 왠지 트렌디한 감성이 어디선가 솔솔 풍겨온다. 깔끔하게 정돈된 뉴트로 감성의 카페, 통영촌집 화소반 때문이다. '꽃을 닮은 작은 상' 위에 바다와 통영 그리고 시골 감성을 담아내는 집. 음악이 흐르는 실내 공간보다는 드루워 때마침 내리는 보슬비를 맞을 수 있는 너른 마당의 평상이 더 반갑다. 평화로운 바다 앞에서 느끼는 시골집 온도에 할머니가 깎아주던 사과 한쪽이 그리워진다. 아, 앞바다에서 막 잡아 온 해산물을 안주 삼아 가볍게 와인 한 잔으로 입을 적셔도 좋겠다 싶다.

'코발트블루'를 사랑한 화가

"푸른색이 좋십니까?"
"글쎄, 푸른색으로 칠하모 마음이 편해지네.
니는 보기에 안 좋나?"
"아부지 좋으시면 저도 다 좋십니다."

– 64p 푸른색을 사랑한 화가 중 발췌, 〈그림으로 나눈 대화〉 –

전영근 화가는 아버지를 떠올리면 푸른색 물감으로 범벅된 손이 생각난다고 한다. 자신이 넘어야 할 가장 큰 산인 동시에 가장 존경하는 스승이기도 한 아버지, 그가 풍화리 작업실에서 편안함의 최고조를 느끼는 이유는 아버지 옆에서 작품에 집중할 수 있어서가 아닐까?
"여기는 아직 조용한 동네예요. 통영의 컬러를 제대로 들여다볼 수 있는 곳이지요. 통영을 주제로 작업을 하는 저에게는 최고의 장소인 셈이죠. 평생 그림을 해도 자신의 컬러를 찾는다는 것이 쉬운 일은 아닙니다. 저도 최근에야 제 색깔을 찾았어요. 바다, 햇살, 물결, 파도, 윤슬… 이런 것들을 추상적으로 표현하고 패턴화하는 작업을 하면서 비로소 내것을 하는 것 같은 기분이 들었습니다. 아버지와는 다른 저만의 세계를 화가로서 펼쳐 나갈겁니다."

섬 여행지 통영을 방문한다면, 누군가의 섬이 되어 보는 마음을 하루쯤 가져보는 것은 어떨까. 멈춤의 순간을 느끼고, 살아있음에 진실로 감사할 수 있는 시간을 선물하는 섬이 누구에게나 필요하다. 그에게 아버지는 섬이다. 멈추고 쉬고 나아가고 순환의 길을 열어주는 그런 섬 같은 존재, 풍화일주로드 그런 섬의 마음으로 한려해상국립공원의 문을 활짝 열어주는 지름길이었다.

Writer 김관수 **Photographer** 이규열

More Information

풍화일주로 드라이빙을 위한 MOVE 의 조언

① Accommodation

슬로비게스트하우스
게스트하우스와 독채펜션을 함께 운영하는
풍화일주로 상, 세포마을의 예쁜 숙소
📍 통영시 산양읍 풍화일주로 1609-14
📞 010-3943-1178
🏠 blog.naver.com/sinmj779

안트워프 게스트하우스
인간극장에 출연했던 상국씨가 운영하는 숙소.
개별 화장실이 있는 객실 4개, 온돌과 침대방이 있다.
상국씨 와 케이코 부부의 환대가 언제가도 좋은 곳
📍 통영시 산양읍 풍화일주로 1186
📞 010-9084-5275

② Eat&Drink

통영애
'대한민국 명장' 박재경 작가의 집이면서 현지인들이
추천하는 숨겨진 맛집이다. 오리백숙이 맛있다.
📍 통영시 산양읍 풍화일주로 1518
📞 055-642-2826
₩ 오리백숙 50,000 한방닭백숙 50,000

카페 드 안트워프
소량으로 세심하게 볶아 낸 상국씨의 핸드 로스팅
커피맛이 좋다. 케이코의 수제 티라미수도 추천한다.
📍 통영시 산양읍 풍화일주로 1188
📞 010-9084-5275 ⏰ 12:00~18:00
₩ 아메리카노 5,000 산딸기봉봉 7,000 티라미수
5,000 🏠 blog.naver.com/cafeantwerp

통영촌집 화소반
시골집 창으로 보이는 바다 풍경이 멋지다.
참기름병에 담아 나오는 로얄밀크티, 디저트 모음인
소쿠리 디저트와 소쿠리 브런치도 여행객들의
감성저격.
📍 통영시 산양읍 풍화일주로 649-17
📞 010-4745-5709
⏰ 11:00~18:00
₩ 아메리카노 5,000 쌍화차 6,000
소쿠리 디저트 8,000 소쿠리 브런치 10,500

배양장
오랫동안 멍게를 배양하던 공간이 카페로 변신.
독보적인 콘셉트로 바다 멍의 최적화된 공간이다.
📍 통영시 산양읍 함박길 51
📞 0507-1323-6330hours
⏰ 11:00~19:00 화 휴무
₩ 아메리카노/ 에스프레소 5,500 아인슈페너 6,500
라떼 5,000
📷 @baeyangjang

③ Special Tips

동부마을
풍화일주도로의 초입에 있는 동부마을은 전혁림
화백의 묘소와 전영근 작가의 작업실이 있는 곳이다.
동백꽃이 흐드러지게 피는 작은 마을은 아날로그적
감성을 자아낸다

전혁림 (1916~2010)
통영에서 태어난 한국을 대표하는 서양화가로
'한국의 피카소'라는 별칭이 있다. 1945년 9월, 유치환,
윤이상, 김춘수 등과 함께 모여 통영문화협회를
결성해 통영 예술의 르네상스를 함께 했다. 2002년
국립현대미술관 '올해의 작가'로 선정되었고 2006년
청와대 본관 인왕홀에 '통영항'이 한국을 상징하는
의미로 걸렸다.

02

Home Away Home

그 리 운   봉 수 골

자동차 매거진 편집을 맡고 있을 때다. 따끈따끈한 신차가 출시되면 새 차를 타고 여행을 다녀온 뒤 시승기를 썼다. 아니, 정확히 말하면 여행이 아니라 출장이고, 시승기는 자동차 전문기자가 썼다. 사진기자와 나는 화보와 여행기사를 만들었다. 기억을 더듬어 보니 통영편도 했었다. 2017년이었다. 그때 난생 처음 통영이란 도시를 가봤다. 짧은 시간이었지만 통영을 전체적으로 둘러봤다. 볼거리, 먹거리가 풍부하고, 축제도 많고, 전반적인 느낌은 도시가 밝고 활기찼다. 바다도, 섬도, 햇볕도, 하늘도, 모든 것이 코발트 블루로 반짝반짝 빛났다.

여행에도 정석이 있을까?
그 짧은 기간에 참 많이도 돌아다녔네. 사진을 보니 기가 막혔다. 해저터널도 구경하고, 당시 통영의 자랑이던 케이블카와 루지도 탔다. 그래, 통영삼합(충무김밥, 꿀빵, 생선회)을 빠뜨렸을리 만무하다. 다찌도 갔었고, 도다리쑥국, 멍게비빔밥과 생선찜, 굴국도 먹었다. 동피랑에서 내려다 보는 강구안 사진도 찍었고, 서피랑도 갔었고(당시 디피랑은 없었다.) 스탠포드호텔에 묵으면서 통영국제음악당을 취재했고, 그 안에 있었던 이탈리안 레스토랑에서 바다 전망을 보며 양식을 먹었다. 지금은 그곳은 카페로 바뀌었다. 한산마리나리조트와 동원리조트, ES리조트에 하루씩 묵으며 숙소 비교체험도 했고, 프라이빗 요트 타고 한산도도 다녀왔다. 미륵도 드라이빙도 했고, 달아공원 노을도 봤다.

그때도 지금도 유명한 나폴리농원에 가서 맨발로 걷고 족욕도 했었고, 돌아오는 길엔 배우 이영애 피부의 비밀이라던 동백오일, 유자오일과 누비손가방, 아귀채를 사서 트렁크에 실었다.

경이로운 것은 그때나 지금이나 7년의 시간이 무색하게 이 코스는 여전히 유효하다는 것이다. 더 신비로운 것이 있다. 거의 모든 것들이 사진을 봐야 생각이 날 정도로 기억이 희미한데, 딱 하나 마음에 오래 남은 강력한 한 방은 정말 의외의 장소였다. 봉수골! 대단한 건 없지만 뭔가 있는 동네, 봉수골은 지인들에게 꼭 소개하는 곳이 됐다.

책방과 미술관이 있는 마을

봉수골을 설명할 때 제일 먼저 하는 말. "다정하고 예쁜 동네예요. 작은 책방과 미술관이 있고요, 유명한 랜드마크나 관광지는 없어요. 바다? 없어요….(여기까지 말하고는 소심하게 덧붙인다.) 하지만 취향 있는 여행자라면 단박에 이 동네의 매력을 알아볼거예요."라며 대충 얼버무리게 된다. '책방과 미술관'은 마법의 단어다. 이 단어에 걸려들지 않는 바쁜 관광객을 이 작은 마을로 끌어들이긴 힘들다. 차라리 "통영 가면 꼭 먹어봐야 할 생선찜 골목이 있어요." 라든지 "진짜 맛있는 멍게비빔밥집 주소를 드릴께요" 하는 편이 훨씬 나을 수도 있겠다. 그동안 동네는 더 오밀조밀, 사랑스러워졌다. 남해의 봄날이라는 출판사를 겸하고 있는 '봄날의 책방'은 10주년 기념 전시를 '전혁림미술관'에서 하고 있었다. 봄날의 책방 대표는 처음 통영에 올 때 미술관 옆에 책방이 있으면 좋겠다 싶어 이 동네를 선택했고, 일러스트레이터 밥장은 미술관과 책방이 있으니 그 옆에 카페가 있으면 좋겠다 싶어 공간을 만들었다. 남해의 봄날, 전혁림미술관, 내성적싸롱 호심은 현재 봉수골을 찾는 이들의 기본 산책 코스다.

"봉수골은 일반적 관광 마인드로는 올 일이 없는 동네예요. 여기 오시는 분들은 동피랑, 꿀빵, 케이블카, 섬 여행보다 한 겹 더 깊숙이 안으로 들어오는 거죠." 카페 쉬는 날, 봉수골 골목에 벽화를 그리고 있는 밥장 작가를 만났다. "동네가 예뻐지면 좋잖아요. 쉬엄쉬엄 하다보면 동네 어르신들이 예쁘다고 칭찬도 해주시고, 커피도 타주시고 그래요." 봉수골의 매력을 느끼려면 두 세 시간으로는 부족하다. "더 길게 머물러 보라고 하고 싶어요. 며칠 머물면서 동네 사람 코스프레를 하는거예요. 목욕탕도 가보고, 식당 주인과도 친해지고, 미륵산 등산도 하고, 그렇게 시간을 보내면 동네는 더 큰 매력으로 다가오지요. 대한민국에서 이렇

옛날도 그 옛날 봉숫골에는
봉수지기 영감님
혼자 살았네.

낮이면 더덕 캐어
볕에 말리고
달이 밝은 밤이면
피리나 불고,

인적 없는 봉숫골 범이 울어도
봉수지기 영감님
혼자 살았네
〈봉숫골〉, 김상옥

게 작은 구역에 미술관, 출판사, 문화공간, 맛집, 유서 깊은 절, 이런게 한데 모여있는 곳이… 아마 잘 없을 거예요. 머물다 보면 나만 아는 스토리가 곳곳에서 만들어지는거죠."

취향 여행자들이 만들어가는 동네

결국은 봉수골로 이주해 온 취향 있는 외지인들이 동네를 알린 셈이다. 그동안 흑백사진관 '모노드라마', 맛있는 튀김을 내는 '니지텐', 직접 빚은 술과 김창남 국수를 파는 혼술 권장 감성 카모메 식당 '빌레뜨의 부엌', 두 달 이상 쿨하게 문 닫고 여행을 떠나는 '백서냉면', 자유로운 감성이 흐르는 편안한 카페 '몸과 마음', 깔끔하고 안전한 숙소 '통 머물다', 문 여는 날이 적어 운이 좋아야 갈 수 있는 '미남제과' 등이 봉수골 지도를 더 촘촘하게 만들고 있었다. 정원이 있는 아름다운 식당 '정원'이나 오래된 찜 전문 식당들, 벚꽃비 내리는 봉수골의 봄과 정겨운 레트로풍 주공아파트, 알록달록 작은 건물들이 수놓고 있는 골목의 정취라든지, 고즈넉한 용화사의 산책로 등은 과거부터 지금까지 여전하니 그것도 참 다행이다. 취향 여행자들이 이 동네를 좋아하는 이유는 문 열고 들어가는 곳마다 자신과 꼭 닮은 취향 여행자들을 만나기 때문이다. 손님을 맞는 삶 외에 자신들의 삶을 위해 돌고돌아 봉수골에 정착한 개성 있는 주인들은 호들갑을 떨며 단번에 친한 척도 잘 하지 않지만 어느 날 슬쩍 마음을 나누어주기도 한다. 장사 속 보다는 자유로움과 평화가 그들을 이곳에 데려다 놓았다. 결국 여행은 집으로 돌아가기 위한 모험이다. 그런데 마음 한켠에 집처럼 편한 곳(Home away home) 하나 발견했다면, 그래서 언젠가 그곳으로 돌아오고 싶다는 생각이 든다면, 그 여행은 성공이다.

Writer 조은영 **Photographer** 이규열

More Information

봉수골 골목을 가로세로 탐험하는 취향 여행자들을 위한 셀렉션

①
Visit

전혁림 미술관
통영=코발트 블루라는 공식을 만든 한국의 피카소 전혁림 작가를 만나는 미술관이다. 2층엔 전혁림 작가의 작품을 상설전시하고 1층에는 기획 전시를 한다. 전혁림 작가의 아들인 전영근 작가가 관장으로 있다. 머그, 도자기 등을 판매하고 차를 마실 수 있는 기념품숍도 둘러볼 만 하다.
📍 통영시 봉수1길 10
🕐 월요일 휴관 ☎ 055-645-7349

용화사
미륵산 제일봉 아래 있는 절이다. 신라시대에 건립된 천년고찰로, 화재로 소실된 후 조선시대에 재건되었다. 봉수골 언덕 윗단에 있고 절을 통해 미륵산 정상까지 오르는 등산로가 이어진다. 템플스테이도 가능하다.
📍 통영시 봉수로 107-82
☎ 055-641-3060 🏠 yonghwasa.net

봄날의 책방/남해의 봄날
서울에서 오랜 편집자 경력을 쌓았던 정은영 대표가 이끌고 있는 책방. 통영에 있지만 영향력은 전국구다. 로컬 출판사만이 할 수 있는 지역만의 콘텐츠 생산도 주력 분야 중 하나다. 눈에 익은 힛트작도 많다. 봉수골 여행의 낭만을 완성할 장소
📍 통영시 봉수1길 6-1
🕐 10:30~18:30 화 휴무
☎ 070-7795-0531

②
Eat&Drink

봉수골
아귀찜, 해물찜을 전문으로 하는 찜 전문 식당. 식물 가꾸기를 좋아하는 주인이 식당안을 아기자기하게 꾸며놓았다. 근처에 찜 전문식당이 10여 개 모여있다.
📍 통영시 봉수로 75
☎ 055-645-4215

정원
대문 안으로 빼꼼 들여다 보고 싶게 만드는 아름다운 정원이 있고, 비빔밥과 갈치조림을 전문으롱 하는 봉수골 대표식당
📍 통영시 봉수로 50 ☎ 055-646-0812

내성적싸롱 호심
일러스트레이터 밥장이 운영하는 카페 겸 문화공간이다. 직접 구운 쿠키도 별미. 1950년대 예술가들이 모였던 성림다방처럼 통영과 전국을 잇는 문화행사도 종종 열린다.
📍 통영시 봉수1길 6-15
🕐 12:00~19:00 월 화 휴무

③
Accommodation

통 머물다
깨끗하고 안전한 감성 숙소, 가정집 스타일이지만 7개의 방 모두에 화즞'실이 딸려있다. 직접 구운 스콘과 질 좋은 시골 계란이 조식으로 준비된다. 조용히 머무는 취향의 게스트라면.
📍 통영시 봉수4길 66
☎ 010-3267-2281

④
Tips

주차는 용화사 밑에 크 공영주차장이 있다. 하루 1000원이면 된다. 전혁림 미술관 뒤에도 작은 주차장이 있다.

03
A Picturesque Village
그 림 속 풍 경. 화 삼 리

통영에는 유독 고개가 많다. 산들이 물에 잠겨 570개의 섬이 되고 평지가 되었으니 오죽하리! 토성고개, 서문고개, 원문고개, 미늘고개 등등….
걸어서 오르면 되는 고개는 그렇다 치자. 운전이 미숙한 외지인에게 시내 고갯길 운전은 만만치 않은 일이다. 오르막길, 내리막길을 곡예하듯이 넘어 평평한 해안도로에 이르면 비로소 식은 땀이 주루룩 흐른다. 그제서야 푸른색 바다가 시야에 들어오기 시작한다. 통영에서 거제 방면으로 가는 길에 거치게 되는 미늘고개는 '화삼리'가 있는 용남면의 시작이다. 화가 전혁림은 생전 〈화삼리 풍경〉이라는 제목의 그림을 여러 점 그렸다. 내리막길을 따라 보이는 우거진 숲과 길 사이로 보이는 작은 어촌 마을의 풍광은 화가의 시선에서 꽤 매력적인 구도였으리라 짐작된다.

달빛이 아름다운 세 개의 마을
화삼리(花三里)는 세 개의 옛 마을을 합쳐 부르게 된 지명이다. 미늘고개의 윗동네인 웃미늘, 아랫동네인 아랫미늘, 그리고 꽃이 만발했던 꽃개마을이 그것이다. 현재 웃미늘은 상삼, 아랫미늘은 선촌, 꽃개마을은 화포라 불리고 있지만 어쩐지 '미늘'과 '꽃'이 붙은 옛 마을 이름이 더 정겹게 느껴진다. 고개 이름인 '미늘'의 유래에 대해서도 여러가지 말이 오간다. 오래전 통제사가 이곳에서 거제 위로 떠오르는 달의 아름다움에 반해 '미월(美月)'이라고 했는데 세월이 지나면서 '미늘'이 되었다는 이야기도 있고, 마을의 둥근 해안선이 낚시 바늘의 안쪽 갈고리인 '미늘'을 닮았다고 해서 붙여진 지명이라는 설도 있다. 유래를 듣고나니 화삼리의 은은한 달빛이 얼마나 아름다울지, 바다 위 달밤 풍경이 어떨지 궁금해진다.

회화를 품은 미술관
웃미늘인 상삼마을에서 내려다본 그림 속의 풍경은 과거나 지금이나 크게 달라지지 않았다. 시간은 흘렀지만 소박하고 아름다운 풍경은 그대로 남아있으니. 화삼리 658번지, 통영옻칠미술관에서 보이는 시원한 전망에 감탄사가 흘러 나왔다. 하지만 김성수 관장이 통영에 미술관을 지을 때 굳이 '화삼리'를 택한 이유는 '전망'이 전부는 아니었다. 곧 90세를 바라보는 백전 노장에게 화삼리는 격동의 시기를 겪었던 그의 유년이 고스란히 담겨있는 곳이다. 그가 태어나고 자란 곳이 화삼리요, 통영은 그가 표방하는 한국전통옻칠의 뿌리가 있는 곳이다. 2006년, 그가 오랜 미국 생활을 정리하고 화삼리로 돌아와 미술관을 지은 것은 어쩌면 숙명일지도 모른다. 당신의 평생 예술궤적을 담은 옻칠미술관 건립을 위해 사재를 털었다. 김성수 관장은 나전칠기 공예의 제작기법과 한국전통옻칠을 토대로 하여 '옻칠회화'라는 새로운 장르를 개척했다. 2021년에는 김성수 옻칠 입문 70주년 기념전시를 예술의 전당에서 치렀.
노장의 뒷모습에서 거친 물살을 헤치고 기어이 태어난 곳으로 회귀하는 연어가 떠올랐다.

그가 옻칠과 회화를 처음 접했던 1951년은 그 어려웠던 전쟁 발발 다음 해였다. 그는 아직도 배움의 열기로 가득했던 통영의 나전칠기기술원양성소를 생생히 기억한다. 호기심 가득한 17세 소년의 모습으로 돌아간 그는 상기된 모습이었다. "그때 도립으로 나전칠기기술원양성소가 통영에 생긴거야, 내가 1기 학생으로 들어갔어요. 당시 스승들이 일본, 구라파에서 유학한 쟁쟁한 분들이셨지. 나전칠기에 김봉룡 선생, 도안과 제도에 유강렬 선생, 그리고 옻칠기법은 안용호, 뎃생은 장윤성 선생이 있었어. 그 다음해엔 이중섭

작가가 뎃생 선생으로 취직하게 되어 통영에 한참 머물렀어요. 그전까지 나전칠기는 도제 형식으로만 배울 수 있었는데, 과목마다 선생을 정해 학교 교육 시스템으로 전수가 되는거예요. 지금 생각해보면 그때 기술만이 아니라 소묘뎃생, 디자인도안, 정밀묘사, 설계제도 같은 미술 기초를 탄탄하게 배운거야. 운이 참 좋았어요. 그 교육 덕분에 지금 내가 회화작가로 남을 수 있었던 것이 아닐까 싶네."

뛰어난 솜씨를 가졌던 김성수 관장은 일찍부터 아프리카의 튀니지, 유럽 등 전 세계에 초청을 받아 해외 경험을 할 수 있었다. 미국에 거주하면서도 우리 전통 옻칠기법이 사라져가는 것을 애통하게 바라봤다. "전통옻칠은 보석세공만큼 고급스런 예술이야. 도료는 금보다 귀한 재료이고요. 전쟁 후 가난과 산업화로 싸구려 라커 제품들이 옻칠을 대신해 우리 생활에 침투했어요. 그래서 전통옻칠을 제대로 알리고 이 기법을 보전할 수 없을까 생각해서 회화의 영역으로 옮기게 된거고, 화학도료인 라커(Lacker)와 옻칠(Ottchil)의 분명한 차이를 알리기 위해 미국에서 전시할 때 Ottchil 이라고 영문 표기를 했어요." 전통옻칠의 예술적 가치를 정작 우리가 더 몰랐다는 것이 새삼 부끄러워졌다. 할머니방의 농이나 자개장만 떠올렸다면 통영옻칠미술관에서 새로운 심미안이 열릴 것이다. 800년 전 만든 팔만대장경이 한 점도 부식되지 않고 보존되고 있는 것은 옻칠의 역할이 컸다. 옻칠과 나전의 고향, 통영에서, 화삼리에서 가장 한국적이면서 가장 세계적인 아티스트 김성수 관장을 만나고 이야기 나눌 수 있었던 그날은 참 운이 좋았다.

선촌마을 이야기

전망이 좋은 화삼리 윗동네는 전원주택과 펜션이 많고 아랫동네인 선촌마을에는 현지인들이 사랑해 마지않는 습지공원이 있다. 바로 'RCE 세자트라숲'이다. 2015년에 개장한 공원, 습지, 전시장, 교육센터다. 거대한 숲에는 산책로가 있고, 아이들을 데리고 피크닉 나온 시민들 사이사이로 놀이를 위한 구조물과 작품들이 설치되어 있다. 교육센터와 전시장으로 두루 쓰이는 중심 건물은 다도해와 거북선, 통영에서 영감을 얻어 디자인되었다고 한다. 사실은 이순신 공원부터 숲이 있는 선촌마을까지 기분 좋은 트레킹 코스가 이어지니 걸어도 좋겠다. 마을 입구의 '선촌가는길'이란 카페에서 바다를 바라보며 잠시 쉬어가도 좋다.

선촌마을에는 다른 곳에서는 보기 힘든 귀한 동식물들이 서식하고 있다. 국제적으로도 멸종 위기에 있는 복해마가 살고있는 잘피(거머리말류), 그리고 겟게, 기수갈고둥, 수달, 달랑게도 관찰되었다. 특히 '잘피'는 바닷물 속에서 꽃을 피우고 열매를 맺는 희귀 거머리말류인데, 국내 서식 9종 중 5종이 선촌마을 주변에서 자라고 있다. 덕분에 이곳은 '잘피의 고향'이라 불리게 됐다. 뿐만 아니라 주변 숲에서는 팔색조, 긴꼬리딱새, 흰목물떼새 등도 발견되었다. 2020년에 마을 주변 해역 약 1.94㎢(194㏊)는 해양보호구역 중 해양생태계보호구역으로 지정됐다. 해저 경관이 수려하며, 해양생태계의 보전이 필요하다고 평가받은 것이다. 바닷속 경관이 수려하다? 수수한 외관에 속은 화려하니 의외의 반전이 있는 동네구나 싶다. 다음 여행에는 이 곳에 숙소를 잡고 좀 더 머물며 자연을 세밀히 관찰하고 싶단 생각이 일었다. 밤낮 가리지 않고 슬리퍼를 끌고 출몰할 수 있도록 말이다.

Writer 조은영 **Photographer** 이규열

More Information

달빛 여행자를 위한 소소한 정보들

①
Visit

통영옻칠미술관 3
국내 유일의 옻칠회화미술관으로 김성수 작가 및 현대 국내외 칠예 작가들의 다양한 작품을 감상할 수 있다. 전통 칠기 및 회화 작품 전시는 물론 옻칠 소품과 기념품도 구매할 수 있다.
📍 통영시 용남면 용남해안로 36
☎ 055-649-5257
🕐 10:00~17:00, 월요일 휴무
🏠 www.ottchil.or.kr

통영RCE세자트라숲 1 2
2015년 오픈, RCE는 유엔대학에서 운영하는 '지속 가능한 사회를 위한 교육거점 도시로, 세자트라는 공존, 지속가능성을 뜻하는 동남아 고대어다. 숲을 중심으로 교육, 사무, 전시 공간이 있고 환경교육 프로그램 및 지속 가능한 생활 양식을 체험할 수 있는 시설을 갖추고 있다.
📍 통영시 용남해안로 116
☎ 055-650-7400

②
Accomodation

조각의 집 5
조용한 바닷가에 '오래오래 머물 수 있는 미술관'을 콘셉트로 10명의 조각가가 10개의 조각 작품을 만들었다. 이 작품들이 게스트를 위한 숙소다. 호텔과는 다른 분위기의 유니크함과 한적한 마을이 주는 편안함을 누릴 수 있는 펜션이다.
📍 통영시 용남면 용남해안로 186
☎ 055-645-1255

맘마논맘마
객실에서 떠오르는 해와 저무는 달을 바라볼 수 있는 감성 부티크 빌라. 미니풀과 바비큐시설이 있고 야외노천탕이 딸린 객실도 있어 선택할 수 있다.
📍 통영시 용남면 용남해안로 230
☎ 010-6565-6969
🏠 mama-nonmama.co.kr

③
Eat&Drink

통영생선구이 6 7
제철 생선을 노릇하게 구워 한상 푸짐하게 나오는 생선구이 전문점. 김성수 관장이 손님을 대접할 때 자주 가는 곳이다. 전망, 분위기, 서비스 모두 만족할 만한 집이다.
📍 통영시 용남면 동달안길 84
☎ 055-646-6960
🕐 11:00~18:30

선촌가는길
바닷가에 자리잡은 한적한 동네 카페로 주인 또한 RCE 세자트라숲을 좋아해 이 동네에 다니다가 카페를 열게 되었다고 한다. 야외 테라스석, 이층 다락방 좌석도 매력적이다.
📍 통영시 용남면 용남해안로 113
☎ 010-2040-5996
🕐 11:00~21:00

ON THE MOVE　　　　ART OF TRAVEL

04
Go West
동피랑보다 서피랑

동피랑, 서피랑, 디피랑. 어디에서도 들어본 적 없던 '피랑'이 통영에는 3곳이나 있다. 귓가에 또르르 굴러오는 옥구슬 같은 소리에 "응? 그게 뭔데?"라고 되묻게 되는 피랑은 '벼랑'의 토박이 지명답게 모두 강구안이 훤히 내려다보이는 언덕 위에 자리 잡고 있다. 대한민국 원조 벽화마을의 명성에 힘입어 통영 여행의 현재를 상징하는 동피랑, 디지털과 예술의 결합을 통해 미래를 선도하는 디피랑은 자신만의 색깔을 또렷이 하고 있다. 그런데 서피랑의 정체가 묘연했다. 많이 알려진 것 같으면서도 여전히 알쏭달쏭한 서피랑. 그곳이 궁금했다.

1604년 삼도수군통제영이 세워지고 통제영을 방어하는 통영성이 축조되면서 일대는 성곽도시로 변모했다. 성의 방어를 위해 세병관을 중심으로 동서 양쪽 언덕 위에 망대를 하나씩 세운 것이 동포루와 서포루이고, 각각의 언덕과 아래 동네를 동피랑, 서피랑이라고 불렀다. 동피랑은 언제부터인가 바다가 내려다보이는 동화 같은 마을로 전국적인 유명세를 타면서 관광객들로 북적댄지 오래인데, 동포루에 올라 서피랑을 바라보면 조금 더 보태서 외딴 행성 같았다. 동피랑이 해운대라면 서피랑은 갯마을, 그 정도랄까?

통영에서 나고 자란 이진숙 작가는 서피랑에서 미술 학원을 20년째 운영하고 있는 서피랑 주민이다. 서양화를 전공했고, 현재는 통영옻칠의 매력에 빠져 옻칠 회화에 매진하고 있다. 옛 제자들이 학부모가 되었고 이제 그들의 아이들이 다시 제자가 되고 있으니, 이제 서피랑에서의 시간들이 모여 작가의 인생이 됐다. 최근 서피랑에 대한 애정을 작품으로 표현할 기회가 있었다. 제1회 통영국제트리엔날레의 지역 연계전으로 진행된 '서피랑이 미술관이다' 프로젝트에 아티스트로 참여한 것이다. 서피랑의 카페, 식당, 프랑스자수숍, 학원 주인들이 자신의 공간에 미술 작품을 전시하게 허락 해주었는데, 결론적으로 작가들뿐만 아니라 주민들이 더 만족하는 모습이었다. 자발적으로 가게앞과 골목을 청소하고, 페인트를 새로 칠하고, 꽃을 놓고 하면서 마을 전체가 기뻐하는 모습을 직접 목격했다. 여러 곳을 다니며 공간과 작품을 함께 만날 수 있다는 것이 좋았다. 덕분에 서피랑 곳곳을 돌아볼 수 있어 의미가 있는 전시였다. 그 작은 축제의 현장에서 이 작가와 만났다.

"이른 아침이나 저녁 식사 후에 종종 서피랑 언덕에 올라가요. 운동 삼아 다니는 산책길이 요즘 점점 더 예뻐지고 있어 주민의 한 사람으로서 너무 좋아요. 서포루에서 감상하는 통영 바다는 항상 다른 감동을 줍니다." 서포루에 오르자 윤슬이 점점 넓어지는 바다가 펼쳐졌다. "이중섭 선생님이 통영에 머무르실 때 서피랑에서 본 강구안 풍경을 참 좋아하셨던 것 같아요. 통영에서 남긴 작품〈선착장을 내려다 본 풍경〉의 배경이 바로 서피랑이거든요." 작가는 걸으며 서피랑이 간직한 이야기들을 쉬지 않고 들려줬다. "서피랑은 박경리 작가의 생가도 있지요. 99계단에 선생님의 어린 시절 서피랑의 모습이 담겨있어요. 이 길로 내려가면 윤이상 선생님이 학교 다니던 길도 있고요. 참, 그 앞에 떡볶이집도 진짜 유명해요."

서피랑 속에는 얼마나 많은 예술가들의 이야기가 남아 있을까? 작곡가 윤이상 선생이 통영공립보통학교를 다니던 골목길 '윤이상 학교 가는 길', 박경리 생가 그리고 소설 〈김약국의 딸들〉의 배경이 된 '서피랑 문학동네', 김춘수의 시 〈명정리〉의 배경인 이순신 장군의 사당 충렬사가 있는 명정골, 통영 아가씨 '란'을 찾아 몇 번이나 통영에 왔지만 결국 만나지 못한 백석의 시 〈통영2〉가 담긴 백석시비, 서포루 언덕 아래 통영12공방, 명정골 세공주 중 둘째인 윤보선 대통령의 부인 공덕귀 여사 생가 그리고 서피랑 골목에서 함께 추억을 나누던 수없이 많은 그들의 사람들까지. 조선시대에서부터 대한민국 근·현대사를 아우르는 각 분야 최고의 아티스트들의 이야기들을 이 작은 마을에서 동시에 만날 수 있다는 사실이 그저 경이롭다. 한때 아이도 어른도 달달 외우던 추억의 노래 한 곡처럼 '서피랑을 빛낸 100명의 위인들'을 만들어도 부족함이 없을 만큼 무궁무진한 문화예술유산을 간직하고 있는 서피랑은 지금 새로운 꿈을 이뤄가고 있다.

오래도록 서피랑은 동피랑의 그늘에 가려져 있었다. 6.25 전쟁 이후 술집과 집창촌으로 얼룩졌던 세월이 수십 년간 계속됐기 때문이다. 같은 달동네 동피랑이 벽화마을로 변신에 성공한 뒤에도 서피랑은 갈 길을 찾지 못했다. 하지만 최근 몇 년 사이, 서피랑의 몸가짐도, 마음가짐도 아름답게 달라지기 시작했다. 주민들이 꺼졌던 예술혼을 되살리기 위해 소맷자락을 걷어붙였다. 골목마다 거리마다 물려받은 예술적 DNA를 심어나갔다. 함께 그림을 그리고, 직접 만든 작품을 걸었다. 벌거숭이처럼 남아있던 벼락당에는 화사한 꽃을 심고 피아노계단을 만들어 음악정원으로 가꿨다. 바로 옆에서 200년 넘게 자리를 지켜온 후박나무와 사슴들이 함께 음악을 즐긴다. 거리에 나가면 '보이소 반갑습니데이'라며 스스럼없이 인사하는 사람들의 모습도 볼 수 있다. 한마음으로 뭉친 결과라 더 반갑다.

"최근 또 하나의 변화가 생겼어요. 이전에는 동장님 이하 몇몇 근로자들이 서피랑 골목에 꽃을 심는 일을 시작했어요. 인원도 적고 많은 양의 물도 날라야 하고 정말 힘들게 하고 있었는데 이번 '서피랑이 미술관이다' 전시에 참여했던 주민분들이 자기 집 앞 화단에 물을 주기 시작하시면서 더 많은 주민들이 자발적으로 동네 가꾸기에 동참하고 있어요."

이진숙 작가는 서피랑 사람들이 만들어갈 앞날이 어떨까 생각하면 흐뭇하다. 그래서 할 수 있는 일에 힘껏 동참하고 있다. 개인적으로 골목마다 재미있는 물건들을 만들고 팔며 함께 살아가는 예술가들이 가득한 서피랑의 앞날을 기대한다. 그리고 서피랑을 주제로 하는 인생작품을 꼭 세상에 내놓을 여정이다.

Writer 김관수 Photographer 이규열

More Information

서피랑 주변을 서성거리는 여행자들을 위한 주민 추천 스팟들

① Accommodation

잊음
서피랑 골목 안에 위치한 한옥집 잊음은 박경리의 소설 〈김약국의 딸들〉에서 하동댁이 살던 집의 실제 배경으로, 고즈넉한 분위기에서 책을 읽고 음악을 들으며 오롯이 사색을 즐길 수 있는 북스테이로 운영하고 있다. 전정과 후정, 3개의 방과 거실 겸 주방이 현대식으로 꾸며져 있고, 하루에 단 한 팀만 예약을 받는다.

📍 통영시 충렬4길 33-5
📞 010-6355-4432
🕐 체크인 15시, 체크아웃 11시
₩ 200,000원

② Visit

통영충렬사
통영의 여러 이순신 장군 관련 유적지 중 빼놓을 수 없는 코스, 충렬사에는 이순신 장군의 위패가 모셔져 있고, 정조의 명으로 발간한 〈충무공전서〉와 정조의 제문 등도 유물전시관에 보관되어 있다. 전국에 이순신 장군을 모시는 사당들이 많지만, 서원철폐령에도 살아남아 현존하고 있는 사당으로 그 의미가 더 깊은 곳이다.

📍 통영시 여황로 251
📞 055-645-3229
🕐 3~10월 09:00~18:00, 12~2월 09:00~17:00, 연중무휴
₩ 어른 1,000원, 청소년 및 군인 700원, 어린이 500원

③ Eat&Drink

라온하제 갤러리카페
서포루로 올라가는 99계단 입구에 위치한 라온하제는 수채화와 민속화 등의 그림을 전시하는 갤러리 카페다. 질 높은 커피와 함께 직접 담근 수제청으로 만든 다양한 에이드와 직접 다린 한방차가 준비되며, 수제 한과와 화과자 등 전통이 느껴지는 디저트를 함께 즐길 수 있다.

📍 통영시 충렬로 20
📞 010-4857-4454
🕐 08:00~18:00, 격주 일요일 휴무
₩ 아메리카노 2,500원(Hot), 3,000원(Ice), 게이샤 9,000원(Hot), 9,500원(Ice), 화과자 3,000원

이타라운지
'국내 최초 사이폰 전문 로스터리' 이타라운지는 밀라노 국립음악원 출신의 성악가가 고향으로 돌아와 마련한 공간이다. 이런 이력에 걸맞게 소리와 빛이 공명하는 오페라하우스 콘셉트의 연주공간도 갖추고 있고, 숙박공간인 '이타미니호텔'을 함께 운영하고 있다. 사이폰 메뉴와 함께 콜드브루, 아인슈페너 등의 커피가 준비되어 있다.

📍 통영시 서문1길 3
📞 010-5752-5252
🕐 11:00~18:00, 수요일 휴무
₩ 스페셜티 사이폰 커피 7,000~7,500원, 비앙까 밀크 7,000원 샌드위치&음료 한잔 10,000원

서피랑 떡볶이집
서피랑 여행의 Must Eat 코스로 꼽히는 서피랑 떡볶이집은 깔끔한 외관에 오타가 섞인 간판에서부터 독특한 분위기를 풍긴다. 연세 지긋한 할머니 혼자 꾸리는 오래된 가게이지만, 어묵을 듬뿍 넣은 떡볶이와 닭튀김을 비롯한 튀김 종류 그리고 할머니의 구수한 입담까지 함께 맛볼 수 있는 집이다.

📍 통영시 가죽고랑2길 25
📞 055-642-9259
🕐 11:00~18:00
₩ 떡볶이 3,000원, 닭튀김 2,000원, 핫도그 1,000원

진미식당
3대를 이어 운영하는 작은 식당으로 주로 쑤기미, 삼세기 등 낯설고 못생긴 생선들로 탕을 끓여 손님상에 올린다. 관광객들 보다는 주로 현지인들이 자주 찾는 집으로 쑤기미탕은 통영 사람들의 속을 시원하게 풀어주는 소울푸드로 여겨지기도 한다.

📍 통영시 충렬로 14
📞 055-643-0240
🕐 11:00~18:00
₩ 쑤기미탕 12,000원, 삼세기 11,000원 매운탕 10,000원, 복국 10,000원

General Lee
아티스트, 이순신

'이순신은 덕장이면서 예술가다'
통영시립박물관 상설 전시를 둘러보던 중 조선시대 섹션에서 호기심 폭발하는 문구 한 줄을 발견했다. 통영 출신의 박경리 작가가 어느 대담에서 꺼냈던 얘기라고 한다. 이순신과 예술가. 나란히 통영을 소개하는 대표 명사임에 틀림없지만, 두 단어는 각자의 영역이 확실한, 서로 섞일 수 없는 물과 기름 같은 관계였다. 이순신을 예술가로 정의하다니. 그가 어떤 연유로 이순신 장군을 예술가라고 했을까?
그 한 문장이 조금 더 깊은 사유와 함께 이순신과 통영을 여행하도록 만들어준 시작점이었다.

이순신, 통영의 설계자

이순신, 그는 과연 어떤 인물기었을까? 지난 2019년 한국갤럽조사연구소의 조사 결과에 따르면 이순신 장군은 2014년에 이어 2019년에도 '한국인이 가장 존경하는 인물' 부문에서 연속 1위를 차지했다-. '역사상 최고의 장군'이라는 단편적 이미지는 교과서와 의인전뿐만 아니라 영화, TV 프로그램 등 거의 모든 미디어에서 일관성 있게 다루어왔다. 단 1패도 없었던 전장에서의 전술과 활약상, 나라와 백성을 위한 길이 아니라면 목숨을 걸고 국왕의 명령도 따르지 않았던 충신 그리고 사리사욕을 챙기지 않고 부하와 백성들을 항상 먼저 생각했던 인간적 면모. 한국인 누구나 떠올리는 공공연한 이순신 장군의 모습이다.

통영에서의 이순신 장군은 어떤 존재일까? 삼도수군통제사, 한산대첩이 가장 흔히 듣는 연관어이지만, '통영'의 지명 유래를 통해 흥미로운 대답을 들었다. 임진왜란이 발발한 다음 해인 1593년 한산도 진경에 경상도·전라도·충청도 3도의 수군을 총괄하는 삼도수군통제영이 처음으로 설치됐다. 당시 전라좌수사로 한산대첩 등에서 연전연승을 거두며 꺼져가던 조선의 불꽃을 살려낸 이순신 장군이 초대 통제사로 부임했다. 1597년 원균이 칠천량 전투에서 대패하며 한산도 진영이 폐진된 후, 전란 상황에 따라 위치를 옮겨 다니던 통제영은 1604년 현재의 위치인 두룡포에 마지막 터를 잡고 약 300년의 세월을 지속했다. 오늘날의 해군총사령부 삼도수군통제영의 존재는 한양에서 천리나 떨어진 작은 바닷가 마을 통영이 지역의 중심으로 성장할 수 있었던 절대적인 원동력이 됐그, 삼도수군통제영을 편하게 부르던 줄임말 통영은 두룡프를 대신해 지역의 공식 명칭이 됐다. 통영, 그 시작을 연 설계자는 바로 이순신이었다.

ART DNA 400년, 12공방

'두룡포가 옳은 사람을 만나지 못하여 한낱 소금기가 많아 농사도 지을 수 없는 바닷가 항구로, 여우와 토끼가 뛰놀던 잡초 우거진 언덕으로 몇천 만 년 동안 몇천몇백 사람들을 겪어오다가 비로소 공의 손에서야 이루어졌다…' 제6대 이경준 통제사가 1604년 두룡포에 통제영을 설치한 공로를 이야기한 '두룡포기사비'가 통제영지 안에 남아있다. 통영의 뿌리에 대한 자긍심, 동시에 이순신의 뜻을 이어가려 했던 300여 년 후손들의 노력들을 이렇듯 옛 통제영 자리 곳곳에서 엿볼 수 있다.

한산도에서 시작하여 두룡포에서 막을 내린 통제영의 역사 303년. 209대에 이르는 동안 195명의 통제사가 거쳐 갔다. 조선 수군 총사령관인 그들의 권한은 막강했다. 조선 수군의 80%가량을 통솔하는 군권과 사법권 외에도 세금 징수, 군량미 운영, 전선을 이용한 물류업과 창고업, 상평통보의 제작과 사용, 12공방의 운영과 같은 제정권도 그들의 것이었다. 잘 나갈 때는 통제영 내 100여 동이 넘는 건물 안에서 풍요로운 경제활동이 진행되기도 했다. 군대의 지원을 넘어 지역사회의 현재와 미래를 결정했던 것이다.

임진왜란 당시 이순신 장군은 각종 군수품을 자체 생산해서 사용하기 위해 한산도 통제영 내에 12공방을 설치했다. 조선의 패색이 짙어가던 때, 기다리던 승전 소식을 연거푸 전하는 이순신을 찾아 전국 최고의 장인들이 하나 둘 모여들었다. 전쟁통에서 자신들의 재주를 더해 스스로 안전과 희망을 기대할 수 있는 유일한 곳이라고 생각한 이들이었다. 이순신 역시 그들에 대한 지원을 아끼지 않았다. 이렇게 시작된 12공방의 역사는 이후에도 협업과 분업을 통해 전국 최고의 규모로 이어질 수 있었고, 현대에 이르러 통영이 대한민국의 대표적인 '예향의 도시'로 발돋움할 수 있었던 강력한 힘이 됐다. 400년 예술적 DNA의 시작 12공방에도, 통영 출신 예술가들의 마음 깊은 곳에도 여전히 이순신 장군의 이름이 함께 하고 있다. 그 이유는 이순신과 함께 통영을 지키기 위해 흘렸던 12공방 사람들의 붉은 피가 그들에게도 흐르고 있기 때문일까.

통영해상택시의 대표적인 프로그램인〈한산대첩승로항로투어〉에 참가하면 요트체험 뿐만아니라 흥미진진한 해설까지 들을수 있다. 사진은 위부터 한산대첩승로항로투어 체험 중인 관광객들, 요트에 동행해 해설을 해준 한국해양소년단 경남남부연맹의 조경웅 국장과 한산도 수루.

큰 칼 찬 대문장가의 완승, 한산대첩

12공방의 성황은 전쟁의 승리로 이어졌다. 20여 회에서 40여 회까지, 임진왜란에서 이순신 장군이 거둔 승전 횟수는 오늘날 전문가들 사이에서도 갑론을박이 이어지지만 패배가 단 한 번도 없었다는 사실에는 어느 누구도 이견이 없다. 이순신 장군이 남긴 기록 〈난중일기〉와 왕에게 올린 장계, 류성룡의 〈징비록〉, 정조대왕이 발간한 〈충무공전서〉, 심지어 적국인 일본의 기록에서까지 이순신의 패배는 찾아볼 수 없다.

1592년 6월 2일 아침 이순신 장군은 왜군에게 점령당한 당포에서 전투를 벌였다. 정박해있는 적선 20여 척을 향해 편전과 승자총통을 비가 퍼붓듯 마구 쏘아댔고, 적선의 2층 누각에 앉아 있던 왜장은 결국 화살에 맞아 굴러 떨어졌다. 순간 모든 왜적이 놀라서 한꺼번에 흩어졌고, 이들을 쫓아 왜선 21척과 300여 명의 적들을 남김없이 모조리 무찔렀다고 난중일기는 전한다.

약 한 달 후의 한산대첩도 당포에서부터 시작됐다. 7월 7일 이순신 장군의 부대가 당포에 닿았을 때, 이곳 사람 김천손이 적선 약 70여 척이 견내량에 정박해있다는 사실을 전한다. 늦은 밤까지 작전 회의를 마치고 다음 날 이른 아침 이순신 부대는 견내량으로 출정하여 적선을 확인한 뒤, 좁은 견내량에서의 불리한 전투 대신 넓은 한산도 바다로 적을 유인하여 싸울 것을 계획한다. 유인책에 속아 쫓아온 적선을 두고 그 유명한 학익진을 펼쳐 바람과 우뢰와 같이 적의 대선단을 섬멸하는데 성공했다. 이순신 장군은 장계 '견내량파왜병장'에 이 승리를 꼼꼼하게 담아 왕에게 보고했다.

무동력 요트가 유유히 떠다니는 바람 좋은 오후, 〈한산대첩 승전항로 투어〉 프로그램을 운영하는 통영해상택시를 타고 낭만이 넘실대는 한산도 앞바다로 달려갔다. 전투가 벌어졌던 바다 위에서 당시의 상황을 설명 듣는 동안 머리 위 문어포마을의 한산대첩기념비에 손을 흔들고 한산도 입구의 거북선등대와 눈인사를 나눴다. 이 모든 것이 한산대첩의 승리가 없었다면 지금의 한산도 앞바다에서 존재하지 않았을 일들. 한산대첩이 남긴 것은 70여척의 적선을 파괴하고, 9천여 명의 사상자를 낸 단 한 번의 큰 승리만이 아니었다. 왜군의 보급로를 차단해 북진을 막았고, 나라의 울타리이자 곡식 창고인 호남을 막아 식량을 지키며 결국, 한 나라가 사라질 위기를 삭제시킨 정말 위대한 승리였다.

한산섬 달 밝은 밤에 수루에 혼자 앉아
큰 칼 옆에 차고 깊은 시름 하는 차에
어디서 일성호가는 남의 애를 끊나니

둥글게 움푹 들어선 아담한 한산만을 시작으로 미륵도까지 아득하게 펼쳐지는 풍경을 바라보며 넋 놓고 온 종일 앉아 있어도 행복할 것 같은 그 자리. '지혜로 계책을 세운다'는 뜻을 지닌 운주당(지금의 제승당) 수루 위에는 암흑같이 어두운 밤 차마 잠들지 못하는 애타는 심정을 담은 시 한 수가 걸려있다. 새벽에 망궐례를 하고 우수사 이억기 등 장수들과 함께 흠뻑 취한 밤, 으스름 달빛이 비치는데 잠들지 못하고 밤새 읊은 시, 한산도가(閑山島歌)다.

한산대첩의 짜릿한 흥분의 기억만 남아있을 것 같던 한산도에서 한 사람의 깊은 시름을 만난 순간, 이순신 장군이 한산도에 머물던 약 4년의 시간은 전쟁의 위기감과 피로감 속에서도 자신만은 지칠 수 없었던 고독하고 외로운 수장의 시간이었음을 깨달았다. 1,491일 간의 기록이 담긴 〈난중일기〉 중 1,029일의 일기와 여러 편의 시를 바로 이곳 한산도에서 썼다는 사실이 서글퍼져왔다.

이순신 장군이 거둔 수없이 많은 승리 중에서도 가장 큰 승리는 임진왜란의 3대 대첩이자 한국사 3대 대첩 그리고 세계 해전사 4대 대첩으로 기록된 한산대첩이라는 사실은 전 세계가 공히 인정하고 있는 사실이다. 한산대첩에서 이순신에게 패배를 당한 적장 와카자카 야스하루에게 이순신은 가장 두려워하고, 미워하고, 죽이고 싶고, 또 가장 좋아하고, 차를 한잔 하고 싶은 한 사람으로 남았다. 그의 후손들은 최근에도 한산도에 이순신을 찾아 존경의 인사를 표하고 있다.

Writer 김관수 **Photographer** 이규열

1. 세병관 2. 착량묘 3. 한산도 수루

More Information

이순신의 자취를 더듬는 역사 여행자들을 위한 정보

세병관
1605년에 최초 건립, 1872년 고쳐지음. 국보 제 205호, 통제영에서 가장 규모가 큰 건물로 경복궁 경회루, 여수 진남관과 함께 조선시대 3대 건축물로 기록됨. 현존하는 건축물 중 바닥이 가장 넓은 건물 중 하나. 위엄 있는 자태와는 달리 '은하수를 끌어와 무기를 씻는 곳'이라는 시적인 의미를 지니고 있다.
- 통영시 세병로 27
- 055-645-3805
- 3~10월 09:00~18:00, 12~2월 09:00~17:00, 연중무휴
- 일반 3,000원, 청소년 2,000원, 어린이 1,000원

이순신공원
산책로를 따라 언덕 위로 오르면 높이 17.3m의 청동으로 제작한 이순신 장군이 한산도 앞바다를 바라보며 서 있다. 시원한 바다 풍경과 함께 이순신 장군이 거둔 다양한 업적을 확인할 수 있으며, 해안가 산책과 휴식을 함께 즐길 수 있도록 조성되었다.
- 통영시 멘데해안길 205
- 055-642-4737
- 24시간 운영, 연중무휴
- 무료

한산대첩 광장
이순신 장군과 함께 전쟁에 참여했던 휘하 장수 및 군사, 격군의 노고를 치하하기 위해 군상 조형물들을 조성했다. 병풍석 위 금빛 거북선과 함께 판옥선 위에서 활을 쏘는 병사, 총을 쏘는 병사, 기수, 격군, 취타대 등이 전쟁을 펼치는 역동적인 모습을 잘 표현하고 있다.
- 통영시 통영해안로 267
- 055-650-0580
- 24시간 운영
- 무료

통영충렬사
이순신 장군의 위패를 모신 사당으로 현종 임금으로부터 충렬사 현판을 받은 사액사당이다. 이순신 장군의 여러 사당 중 흥선대원군의 서원철폐령에도 존속되어 온 유일한 사당이다. 유물전시관에 정조의 명으로 발간한 〈충무공전서〉와 정조의 제문 등이 전시되어 있다.
- 통영시 여황로 251
- 055-645-3229
- 3~10월 09:00~18:00, 12~2월 09:00~17:00, 연중무휴
- 어른 1,000원, 청소년 및 군인 700원, 어린이 500원

착량묘
이순신 장군이 순국한 다음 해에 함께 종군하였던 수군들과 지역 주민들이 초묘를 짓고 기신제를 처음으로 올렸던 곳으로 이충무공 사당의 효시가 된 의미 깊은 장소다. 고즈넉한 분위기 속에 위패와 영정이 모셔져 있고, 해저터널, 충무교와 함께 도보여행이 가능하다.
- 통영시 착량길 27
- 055-645-3229
- 09:00~18:00, 연중무휴
- 무료

조선 군선 (거북선)
스탠포드호텔&리조트 아래 해안가에 이순신 장군의 승리의 주역 거북선 3척과 판옥선 1척이 정박해있다. 통제영 거북선, 한강 거북선, 전라좌수영 거북선 3척이 각각 다른 용머리 모습과 구조를 지니고 있다. 배 안으로 들어가서 해전에서의 활약상에 대해 확인할 수 있다.
- 통영시 도남로 642-1
- 055-645-3229
- 09:00~18:00, 월요일 휴무
- 일반 2,000원, 청소년 1,500원, 어린이 700원

한산도 문어포마을(한산대첩기념비)
한산도 전투에서 패배한 왜군들이 쫓겨 들어온 마을로, 한 노인에게 "이리로 가면 바다길이 열려 있느냐?"라는 물음에 노인이 "그렇소."고 대답을 했다고 하여 '바닷길을 물어본 바닷가마을'이라는 뜻의 문어포마을이 됐다. 마을 정상에 한산대첩기념비가 서 있다.
- 통영시 한산면 한산일주로 70
- 055-650-4514
- 24시간 운영
- 무료

통영해상택시 한산대첩 승전항로 투어
충무공 이순신장군의 한산대첩 승전지를 해상으로 투어하는 프로그램. 통영에서 가장 빠른 배로 꼽히는 해상택시를 이용, 스피디한 해상레포츠를 즐기면서 역사해설을 통해 한산대첩의 감동을 오감을 통해 체험할 수 있다.
- 통영시 도남동 259-2
- 055-644-8082
- 40~50분 소요, 주말 주중 시간이 다르니 문의할 것.
- 25,000~

영화 〈한산:용의 출현〉
2014년 1761만 명을 기록하며 대한민국 영화 역사상 가장 많은 관객을 동원했던 영화 〈명량〉에 이은 김한민 감독의 이순신 시리즈 3부작 중 두 번째 영화 〈한산:용의 출현〉이 2022년 7월 중 개봉 예정이다. 배우 박해일이 이순신 장군 역할을 맡고, 변요한, 손현주, 안성기 등이 출연한다.

Yummy!
맛있는 통영

건조 생선은 사실 통영만의 식문화는 아니다. 하지만 통영에서 잡히는 생선의 대부분이 회가 아닌 건조 방식으로 소비된다는 사실은 꽤 새롭다. 통영 미식을 즐기기 위한 상식들.

제비가자미
참가자미
참돔
민어조기
서대

생선을 건조하면 성분이 응축되어 맛과 식감이 좋아진다. 통영 사람들의 제사상에는 항상 건생선이 정성스럽게 올라간다.
촬영협조: 하맑은생선구이.복국(055-644-4933)

봄의 전령 도다리쑥국과 싱싱하고 맛있는 제철 성게

찾아서 즐기는 계절 대표 식재료들

'통영 맛 기행은 겨울이지'라고 하는 이들은 통영 굴의 신선하고 탱글탱글한 식감, 봄이 좋다는 이들은 살 오른 도다리에 쑥을 넣어 끓여낸 도다리쑥국의 향기 때문일거다.

봄 도다리쑥국은 가자미과 생선인 도다리와 봄나물의 대표선수인 쑥이 어우러진 토속음식이다. 도다리는 산란기를 지나고 살이 오를대로 오른 2월부터 통영 바다에서 잡힌다. 봄나물 대표로는 쑥 외에도 두릅, 방풍나물, 시금치, 토란대, 방아 등이 있는데 통영 사람들 중에는 방아전을 소울푸드로 꼽는 이도 많다. 신선한 멸치는 회로도, 볶음으로도, 조림으로도 즐길 수 있다. 통영이니 가능한 이야기다. 손가락 마디만한 제법 큰 멸치를 자작한 국물과 함께 조려 쌈으로 먹는 것은 봄의 별미다. 12월 산란을 시작해 2월부터 5월까지 볼 수 있는 멍게의 정식 명칭은 우렁쉥이다. 통영에서는 1960년대부터 멍게 양식을 시작해 전국 생산의 70% 정도를 생산하고 있다. 보통 회로 먹지만 멍게전, 멍게전골도 시도해 볼 만하다. 자연산 멍게는 1년 내내 수확이 가능하고 8~9월 사이에 제일 맛있다.

매물도, 한산도, 통영과 거제 사이 바다인 견내량은 통영 미역의 주산지이다. 희한한 것은 지역마다 채취 시기가 다르다는 것인데 예를 들면 한산도 미역은 양식이라 11월~4월 사이에 나고 자연산인 견내량 미역은 4~5월, 매물도 미역은 1~5월 사이 채취한다. 봄 여행자라면 '봄 바다에서 건져 올린 검은 보석'이라 불리는 자연산 미역을 만날 수 있는 행운을 기대해 보자. 견내량 미역은 배를 타고 나가 장대로 채취하고 매물도 미역은 해녀가 수심 깊은 곳에 들어가 채취한다.

여름 바다 갯장어인 하모가 여름 보양식 중 으뜸이다. 1년 내내 잡히긴 하지만 6월이 제철이라 '수국이 피면 장어를 먹는다'란 말이 있다. 회, 구이 또는 탕 중 여름 장어는 회로 즐기기 좋다. 여름 생선으로 갈치와 고등어도 빼놓을 수 없다. 욕지도는 1960년대에 고등어 파시가 있을 정도로 어획량이 많았다. 서호시장 근처나 욕지도에서는 바로 잡힌 싱싱한 고등어회 맛을 볼 수 있다. 호박을 숭덩숭덩 잘라 넣고 끓인 갈치호박국도 여름에만 즐길 수 있는 별미다.

8월이면 욕지 고구마의 출시를 알리는 뉴스가 뜬다. 욕지 고구마는 '신율미'라는 품종인데 알이 굵고 밤고구마 비슷한 질감에 단맛이 좋아 일반 고구마의 두 배 정도 높은 가격에 팔린다. 생고구마를 잘라 말린 것을 빼떼기라 하는데 이를 보관했다가 끓인 후 말린 강낭콩과 팥을 삶아 빼떼기에 섞은 것이 빼떼기죽이다. 통영 사람들의 추억을 자극하는 음식이다.

가을 홍합은 10월부터가 제철이다. 어머니들은 초겨울에서 초봄 사이 김장을 하듯, 합자젓국을 만들었다. 홍합 국물을 졸여 만드는 합자젓국은 물에 희석해 쓰는 천연 조미료였다. 전어는 봄, 겨울철보다 가을에 지방성분이 3배가 높아진다. 통영에서는 사실 전어를 5월 무렵부터 회로 즐길 수 있다.

겨울 굴은 겨울 통영 식탁의 꽃이다. 우리나라는 세계 2위의 굴 생산국이며 통영은 국내 생산량의 80%를 차지하는 최대 굴 생산지다. 도시를 여행하다 보면 하얀 부표가 점점이 떠 있는 통영의 바다를 만난다. 이곳에서 굴이 자란다. 수하식 굴은 순전히 바다가 키워낸다. 먹이를 따로 주는 것이 아니라 플랑크톤과 미생물을 먹고 자라나 자연산이나 진배없다. 굴 철이면 시내에 많은 식당들이 굴 요리를 낸다. 영빈관, 대풍관, 회운정 등의 굴 코스 전문 식당들은 특히 더 바쁘다. 통영굴을 훈연해 말린 제품도 훌륭하다. 올리브오일에 절인 통조림 훈제 굴은 와인 안주로도, 파스타 재료로도 손색이 없었다.

회 마니아들이 겨울 미식여행을 하는 이유는 다양한 어종들이 잡히기 때문이다. 볼락은 11월부터가 철이다. 구이, 김치, 매운탕, 찜, 젓갈 등 다양한 조리법으로 즐기며, 열기도 볼락의 종류 중 하나다. 10월부터 2월까지 잡히는 물메기는 비린내가 없고 기름기가 없어 해장국으로 인기가 높다. 살이 연하고 뼈가 물러 숙취 해소에 그만이다. 해장국하면 복어가 생각난다. 치명적인 맛과 독을 동시에 갖고 있는 복어! 통영에서 유명한 것은 작고 귀여운 졸복으로 끓인 '졸복탕'이다. 사실 졸복은 최근 포획량이 줄어 비슷한 외모의 복섬이 더 많이 쓰인다. 복섬은 10cm에서 최대 20cm 정도 밖에 안되는, 국내에 살고 있는 복어 중 크기가 가장 작다. 12~3월이 제철이다. 그 외에도 대구, 방어 그리고 오징어 새끼인 호래기도 겨울에 즐길 수 있다.

유자는 통영에서 예부터 많이 났던 작물이다. 전복유자김치를 만들어 먹었다는 이야기가 있을 정도다. 항아리를 땅에 묻어 저장하면서 3월까지 먹었다.

1. 다찌가 아니더라도 사계절 푸짐하게 차려지는 해산물 위즈의 밥상 2. 통영비빔밥은 나물과 해초를 넣고 고추장을 넣지 않고 비빈다. 3. 개조개로 만든 유곽은 토속음식 중 하나다

궁중음식 못지 않은 통영음식

500년 이상 조선의 군사적 요충지로서 찬란한 도시문화를 꽃피웠던 통제영은 전라, 충청, 경상도 삼도에서 진상된 최고의 식재료와 특산물들이 모이는 곳이었다. 이 재료들이 뛰어난 조리 실력과 결합된 것이 통영 음식이다. 그런 이유로 〈통영은 맛있다〉의 저자인 강제윤 시인은 통영은 맛에 관한한 '경상도가 아니다.'라고 단언했다.

개조개로 만든 '유곽'은 손이 많이 가는 음식이다. 잘게 다진 조갯살을 볶아, 방아잎, 야채 등을 넣고 된장, 고추장 등의 양념을 한 뒤 조개 껍질에 다시 볼록하게 담아 석쇠에 굽는다. 조갯살을 볶을 때 쇠고기나 돼지고기를 섞기도 하고 잘 붙으라 밀가루를 넣기도 한다. 지금도 손님상에 자주 오르는 통영 향토음식의 대표주자다.

지역 비빔밥은 그 지역의 특색을 고스란히 담는다. 통영비빔밥은 생미역, 톳나물, 모자반, 방풍나물 등 해초와 채소를 주재료다. 조개로 끓인 두부탕수국을 곁들여 먹는 것이 특징이다. 각종 나물을 풍성하게 무쳐서 자르고 담아 자작하게 탕국이 부어져 나오는 비빔밥은 나물 하나하나에 양념이 다 되어있어서 굳이 고추장을 넣지 않고 그대로 살살 섞어 먹는다. 색깔도 순하고, 맛 또한 슴슴해 고급스럽게 느껴지는 비빔밥이다. 신선한 멍게와 해초를 듬뿍 넣은 멍게비빔밥도 통영하면 떠오르는 비빔밥 중 하나다.

통영 찜은 가자미찜, 마른메기찜, 아귀찜, 대구뽈찜처럼 이름부터 생선이 주인공이다. 타지역에서는 각종 해물을 넣은 해물찜이 일반적인데, 통영 찜 식당에 가면 해물보다 생선으로만 쪄낸 찜이 특징이라는 것을 대번에 알 수 있다. 봉수골에는 오래전부터 형성된 찜요리 전문 식당들이 즐비하다.

관광객을 유혹하는 통영 먹거리들

충무김밥, 꿀빵, 우짜는 굳이 설명이 필요하지 않을 정도로 유명한 통영 대표 먹거리다. 강구안과 서호시장, 중앙시장을 주변을 거니는 관광객이라면, 아니 통영에 처음 방문하는 이들에게는 반드시 한 번은 거쳐야 할 '먹킷리스트'라고나 할까? 거기에 시락국과 회까지 더하면 통영 첫 여행이 완벽해진다. 시래기국을 통영 사투리로 시락국이라 부르는데 된장을 풀고 장어로 육수를 낸 것이 특징이다. 서호시장 내 유명한 시락국집들이 여러 개 있는데 대부분 일찍 문을 닫으니 오후 두 시 이전 가는 것이 안전하다. 꿀빵은 어느 집이 원조인가를 가리는 것보다 먹어봤다는 것에 의미를 두는 것이 좋겠다. 충무김밥처럼 말이다.

통영다찌

통영다찌는 과거 항구에 드나들던 와일드한 주당들이 만들어 낸 통영의 술 문화다. 다찌, 실비, 소주방 다 같은 말이다. 다찌의 정확한 어원에 대해서 언급한 다양한 '썰'들은 생략한다. 검색창에 쳐보면 단박에 알 수 있으니 판단은 독자에게 맡긴다. 빨간 양동이에 담겨 나오는 소주가 병당 만원, 술값에 안주가 포함된 개념이라 술을 계속 시키면 안주가 끝도 없이 나왔다. 이젠 그런 전설의 다찌집들은 없다. 술을 끝도 없이 시키는 사람들이 없기 때문이다. 술보다는 통영 다찌의 음식을 경험하고 싶은 관광객들이 많아지다보니 사람당 또는 테이블당 가격을 정해놓은 집들이 대부분이다. 기본 상을 차리는 값을 받겠다는 거다. 사람당 3~4만원 정도의 금액을 받고 제철 해산물과 요리를 떡 벌어지게 펼쳐 놓는다. 요즘에는 인당 2만원 정도를 받는 반다찌도 유행이다. 더 가볍게 요리만 나오고 술없는 다찌도 생겼다. 음식 나오는 순서가 있다. 전채요리와 싱싱한 회와 해산물, 조림과 구이, 탕 그리고 두 번째 상부터는 솜씨가 드러나는 요리들이 등장한다. 이때부터 단골이 결정된다. 윤희소주방, 대추나무다찌, 물보라다찌, 벅수다찌… 다양한 다찌집들이 방송에 소개되면서 입소문을 탔지만 골목마다 너무나 많은 다찌집들이 존재하니 모험을 해봐도 좋다. 셋트 메뉴처럼 깔끔하게 매뉴얼대로 차려내는 벅수다찌나 분위기 좋고 친절한 도남식당의 다찌상은 누구나 만족하는 안전한 선택이지만 예상치 못한 기쁨을 주는 모험은 없다. 각설하고, 분명한 것 하나는 통영의 계절 진미를 두루두루 챙기는 가장 좋은 방법은 다찌에 가는 것이다. 육지부터 바다를 아우르는 그 계절의 식재료를 한 상에서 만날 수 있다. 다찌가 아니더라도 통영의 식당에는 밑반찬으로 다른 곳에서는 상상도 할 수 없는 제철 해산물과 생선구이, 나물들이 보통으로 올라온다. 만원 이하의 평범한 백반 한 상도 결코 평범하지 않다. 처음 보는 희귀한 생선구이와 멍게회, 멸치회무침 같은 반찬들이 나와도 놀라지 마시라.

통영에서 돌아오니 어느 식당에 가도 마음이 차지 않았다. 표정이나 말투는 무뚝뚝한 것처럼 보여도 툭툭 내어주는 푸짐한 인심과 손맛, 싱싱한 먹거리들에 익숙해져 있다가 도시의 빈약한 상차림에 문득 서운해졌다. 그래, 이게 도시고 이게 정상이었지. 통영에 가야 할 확실한 이유가 또 생기니까 좋았다. 불과 몇 달 드나들었다고 이러는데, 평생 그곳에서 자란 토박이들이 자연스럽게 미식가가 되는 이유를 어렴풋이 알 것 같았다. **Editor** 조은영 **Photographer** 이규열

ON THE MOVE ENJOY

Travel with Local Drinks
취향 여행자를 위한 술

술이 없는 인생은 얼마나 고독한가? 술이 없는 여행은 얼마나 심심한가? 그렇다고 에디터가 '술독'은 아니니 오해는 금물. 좋은 날, 특별한 술이 있다면 인생이, 여행이 얼마나 더 즐거운지 그 진리를 알 뿐이다.

야소골, 술 빚는 마을

새로운 여행지에서 좋은 음식과 어울리는 지역 술을 마셔볼 수 있다는 것은 크나큰 행운이다. 더구나 술을 직접 빚는 식당에서라면?

산 좋고 물 좋고 풍수 좋은 다을, 야소골(실제 '출세'라는 SBS다큐에도 나왔던)에 자리잡은 '야소주반'은 남편이 술을 빚고 아내는 음식을 하는 예약제 식당/양조장이다. 월화수는 술 담는데 집중하기 때문에 영업을 하지 않는다. '건축가가 빚은 막걸리'라는 다소 긴 이름의 술로 남편 박준우의 본업이 건축가라는 것을 눈치챌 수 있다. 서울시건축상을 받은 북촌의 이도(Yido)센터가 그의 작품 중 하나이다. "콘크리트 배합도 날씨에 따라 매일 다르거든요? 술도 그래요." "발효실도 원래 황토방이었던 곳을 제가 직접 리모델링 했어요. 천장은 편백이고요." 양조에 필요한 도구들도 쓰임새에 맞게 직접 만들어 쓴다. 그는 양조자인가 맥가이버인가? 부부가 음식과 술을 좋아해 함께 전통주 양조를 배웠고, 주변 사람들과 나누고 즐기다 보니 어쩌다 시작된 여정이다. 천연탄산이 뽀글뽀글 올라오는 막걸리는 7년여 동안 정리해온 130여 회의 술 빚기 공식 중 부부가 가장 맛있다고 선택한 32번째 레시피를 따랐다. 차, 사진, 음악, 자연, 다트 그리고 술과 음식까지… 좋아하는 것들만 편집해 야소골에 옮겨둔 그들의 왕국을 엿보는 일은 마치 유럽의 산 속 작은 레스토랑이나 부티크 와이너리를 찾아가는 여정처럼 두근거리는 일이었다. 아내 김은하에게 부엌은 놀이터다. 그날 그날 예약인원에 맞게 장을 보는 것, 가장 신선한 식재료를 구하는 것이 요리의 반이고 솜씨가 반, 그리고 맛있는 술이 플러스 알파다. 멋스럽게 사는 야소주반 주인장들의 캐릭터로 보아 이곳이 어느날 대형 양조장이 되거나 왁자지껄한 맛집으로 변신할 확률은 없어 보인다. 자신들이 만든 룰 안에서 최고의 퀄리티를 추구하는 곳이니 야소골로 향한다면 분명 실망하지 않을 것이다.

맥주가 있는 밤

통영에도 수제맥주 양조장이 두 군데 있다. '통영맥주'와 '라인도이치'가 그들이다. 통영맥주는 공간이 흥미롭다. 옛 목욕탕을 재치있게 개조한 공간에서 다섯가지 맛의 맥주를 즐길 수 있다. 동피랑 페일에일, 열두척 유자에일, 달아 바이젠, 이순신 스타우트, 윤슬 골드에일… 6개들이 감각적인 캔맥주 패키지는 여행을 기억하기에도, 기다리는 이에게 선물하기에도 좋다. 라인도이치는 정통 독일 스타일의 클래식한 양조방식을 따른다. 맥주 명장인 독일인 브루마스터와 창업부터 지금까지 함께 하고 있다. 아버지의 뒤를 이어 가업을 이어가는 손무성 대표는 "바다가 보이는 곳에 양조장을 하고 싶었어요. 독일에는 아무리 작은 마을이라도 양조장과 지역 맥주가 있더라고요. 그동안 맥주 맛과 음식의 퀄러티에 정성을 기울였다면 이제는 본격적으로 통영 지역과 어울리는 맥주들을 하나씩 더 추가할 생각입니다."라인도이치는 현지인들의 외식 명소다. 통창으로 훤히 보이는 바다는 노을이 지면 분위기가 절정에 이른다. 싱싱한 샐러드와 파스타, 스테이크와 맥주를 곁들이면 낭만적인 해변 레스토랑에서의 휴가가 더할나위 없이 행복하다. 음식에 대해서 자신 있는 것은 분당의 유명 식당 셰프와 메뉴에 대해서는 정기적으로 함께 고민하고 있기 때문. 통영맥주의 재치있고 부티크스러운 느낌도, 라인도이치의 중후하고 클래식한 느낌도 각자 다른 매력으로 좋았다.

'미륵미륵'은 광고회사에 오랫동안 몸담았던 주인의 센스가 돋보이는 트렌디한 맥주 호스텔이다. 명상과 맥주가 이 집의 테마. 다소 안어울리는 듯한 두 가지의 상반된 콘셉트는 한 공간에 묘하게 공존한다. 1층의 펍은 안주를 뛰어넘는 제대로 된 음식이 있다. 미식가로 추정(?)되는 김형석 대표는 단순히 맥주에 어울리는 메뉴만 개발한 것이 아니라 작정하고 맛집이 되기로 했다. 물론 이것도 에디터의 추정이다. 멍게비빔파스타, 돈카츠계란덧밥, 통영젓갈파스타, 마르게리타포카치아피자, 고등어구이소바 등등… 맥주집 안주치곤 다소 웅장하다. 맛집 인증인 블루리본도 받았다. 전국 수제 맥주들을 구비하고 있지만, 요즘 김대표가 전통주를 만들러 다니는 것을 보니 조만간 직접 만든 술도 내놓지 않을까 싶다. 이것도 순전히 개인적인 추정이다.

1.2.3. 바닷가 양조장과 펍레스토랑이 함께 있는 라인도이치 **4.** 라인도이치 손무성대표 **5.** 게스트하우스와 함께 운영하고 있는 미륵미륵 **6.7.8.** 욕탕을 개조한 통영 맥주

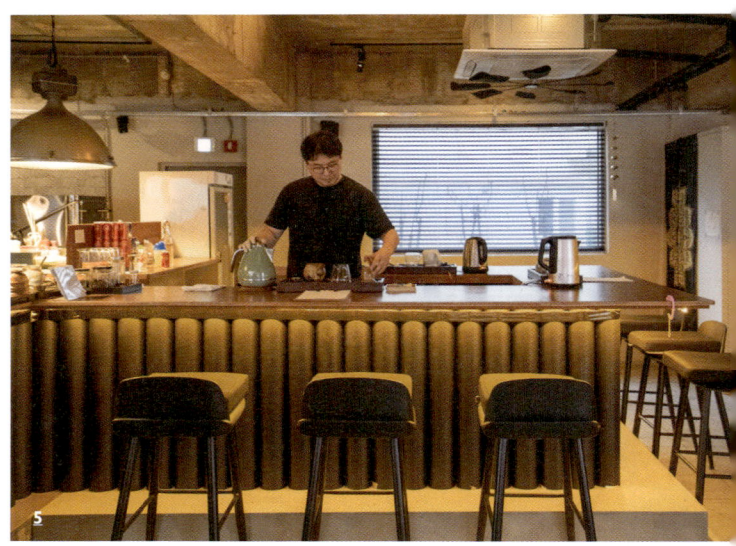

1. 빌레트의부엌의 깔끔한 식탁 2. 지역 막걸리인 산양막걸리

술이 아니더라도

미륵미륵 대표의 최근 양조 선생님은 봉수골의 '빌레트의 부엌'이다. 직접 빚은 생약주를 음식과 함께 내고있는 부티크 레스토랑이다. 주인장의 깔끔한 성격이 그대로 묻어나는 단촐한 식사 메뉴와 혼술 고객을 위한 메뉴 구성이 인상적이었다. 이 집의 고메생맥주는 찹쌀과 고구마를 누룩으로 발효해 맑게 걸러낸 10도~12도 정도 되는 술이다. 크리미고메는 고메생맥주를 베이스로 요거트와 생크림, 꿀과 흑임자를 넣어 달달한 맛, 벚꽃 필 무렵 이층 고즈넉한 자리에 앉아 조용하게 책을 읽으며 낮술을 마시고 싶다. 원래 빌레트의 부엌은 제주에 있었던 게스트하우스였다. 통영으로 온 이유에 대해서 물어보지는 않았지만 어머니 고향이 통영이라는 이야기를 건너 건너 들었다. 블로그에는 제주에서 빌레트의 부엌에 머무는 동안 맛있는 조식에 위안을 받았다는 여행자들의 간증이 이어지고 있었다. 양파조림과 고추장 소스가 들어간 매콤한 '김창남 국수'는 어머니의 이름을 딴 빌레트의 부엌의 시그니처 메뉴다. 대표가 밝힌 빌레트의 부엌 존재 이유는 '술과 맛있는 안주를 즐기면서 책을 읽거나 가까운 사람과 대화도 하는 그런 술자리를 지향하는 사람들이 분명, 어디엘 가나 작은 우리집 하나 채울 만큼은 있으리라는 낙관적인 계산'이다. 아마도 이 책을 읽는 이들이 그런 이들이 아닐까, 부어라 마셔라 하는 술 문화, 여행 문화는 이제 바뀌어야 하니까. 그게 통영일지라도. 그래서 다찌도 시대에 맞게 변화하고 있는 것이 아닐까 싶다.

진짜 로컬의 맛

세련된 분위기, 테이스팅을 위한 테이블과 의자, 술과 딱 어울리는 음식은 없지만 소박한 전통 막걸리 양조장들이 맥을 이어가고 있다는 것은 반가운 일이다. 지역 양조장은 산양, 광도, 도산 양조장이 있다. 각각 산양생막걸리, 광도막걸리, 그리그 도산생막걸리 법송탁주를 만든다. 마트에서도 쉽게 구할 수 있지만 굳이 양조장에 찾아가서 사고 싶은 것은 왜일까? 살갑게 맞아주지 않아도, 무인 판매 냉장고에서 술을 꺼내 와야 하기도 하고, 때론 허탕을 치기도 하지만 이런 맛이 여행이 아닐까?

섬에도 양조장이 있을까? 욕지도의 '한산도가'에서는 고메진(5%), 고메순(12%) 두가지 도수로 술을 만든다. 양조장이 자주 닫혀 있어 직접 방문은 어렵지만 욕지도 내 하나로마트나 항구 앞 고메명가라는 곳에서 술을 구입할 수 있다. 각각 10,000원 12,000원으로 가격이 좀 있는 편이다. 예쁜 보라색 띠를 두른 고구마막걸리도 욕지도 출신이다. 꾸덕꾸덕한 요구르트 질감에 신맛과 단맛이 아슬아슬하게 밸런스를 이루는 고구마막걸리에 대해서는 호불호가 갈리기도 하지만 에디터는 이 술이 참 좋았다. 이 술을 만드는 욕지도양조장은 원래 욕지도에 양조장이 있었으나 최근 공간을 확장하고 시설을 갖추어 관내로 이전한다고 했다. 독자들이 책을 읽을 즈음이면 이전을 완료하지 않았을까 싶다. 내친김에 욕지도양조장의 김경건 대표가 운영하는 '온도'라는 전통주 전문점도 추천한다. 이곳에서는 욕지도 고구마막걸리 외에도 김대표가 선정한 전국의 전통주를 즐길 수 있다. 근처에 있는 북신전통시장은 현지인 바이브가 있는 곳이니 함께 둘러보면 좋겠다.

Editor 조은영 Photographer 이규열

A Journey to Find Your Wildness
나를 찾는 섬 여행. 그대는 야(野)하다

섬을 걷는 여자, 조송희 작가의 봄날 매물도 트레킹

매물도 해담길

섬은 지구별 안에 숨겨진 또 하나의 소행성이다. 저마다의 빛깔로 바다라는 우주에 홀로 떠 있다. 섬은 또 다른 섬이 있어서 섬으로 존재한다. 결코 혼자가 아니지만 결국은 혼자다. 바다는 섬과 섬을 잇는 무한의 길이며 푸른 울타리다.

사람도 섬이다. 세상이라는 바다를 막막하게 유영하는 작은 별, 신비롭고도 해독 불가능한 생명체다. 외로움은 필연적이다. 우리가 섬을 그리워하는 것은 존재에 대한 그리움인지 모른다. 세상으로부터 스스로를 고립시켜 가장 자유롭고 명징하게 나 자신과 마주서고 싶은 바람, 그 은밀한 갈망이 우리를 섬으로 이끈다.

통영시 한산면 매죽리에 속하는 매물도는 통영항에서는 1시간 20분, 거제 저구항에서는 1시간이 걸리는 먼 바다에 있다. 한려수도 통영은 570개의 섬을 품고 있다. 매물도는 그중에서도 가장 멀리 있는 섬이며 빼어난 자연환경을 가진 섬이다. 매물도는 대매물도, 소매물도, 등대섬을 함께 이르는 말이지만 일반적으로 대매물도를 매물도라 부른다. 매물도라는 지명의 유래는 여러 가지가 있다. 매물도 전체의 모습이 전쟁에 나가는 군마를 닮아 한자로 말 '마(馬)'자와 꼬리 '미(尾)'자를 써서 마미도라고 불리다가 매물도로 변했다는 설이 그중 가장 유력하다. 매물도는 전쟁에서 승리를 거둔 개선장군이 군마의 안장을 풀고 바다를 바라보며 휴식을 하는 형상이다. 주민들이 메밀 농사를 많이 지어서 매물도라고 부른다는 설도 많이 알려졌다.

통영에서 매물도로 가는 아침, 하늘이 잔뜩 내려앉았다. 파도는 그리 높지 않은데 선실의 창으로 후드득후드득 자꾸만 빗방울이 듣는다. 매물도의 당금마을 선착장에 내리자 갑자기 빗방울이 거세진다. 배에서 내린 몇 안 되는 여행자들이 마을 구판장의 차양 아래로 뛰어든다. 무거운 배낭을 멘 그들은 거의 다 백패커들이다. 백패킹을 하는 사람들은 대부분 지금은 폐교가 된 한산초등학교 매물도분교에 텐트를 칠 것이다. 매물도분교는 백패커들에게 경상도 지역의 성지로 이름이 높다.

어지럽게 흩뿌리던 비가 거짓말처럼 그쳤다. 변덕스러운 봄날이다. 사람들은 잠시 하늘을 바라보다 뿔뿔이 흩어진다. 우리도 다시 배낭을 꾸리고 대항마을을 향해 길을 나선다. 오늘은 5.2km 남짓한 해품길만 걸을 예정이다. 시간은 충분하다.

대항마을은 텅 빈 듯 고요하다. 여행자도 우리뿐이다. 까만 고양이 한 마리가 담장 위에 앉아 있다가 소리 없이 사라진다. 부두로 내려가 보니 딱 하나뿐인 식당도 문이 잠겼다. '가까이 있으니 전화를 주세요.' 식당 문에 붙어있는 쪽지를 보고 전화를 했다. 방파제 쪽에서 한 여인이 서둘러 달려온다. 코로나 이후 손님이 거의 없어 예약이 있어야만 밥을 한단다. 컵라면을 먹으며 여인과 이런저런 얘기를 했다. 13가구 남짓한 마을 사람들은 대부분 육지에 나가 있고 펜션들은 개점 휴업상태라고 한다. 우연히 매물도에 왔다가 섬이 너무 좋아 아예 눌러 앉아 버린 남편을 따라왔다는 여인, 남편은 이제 섬에서 유일한 어부가 되었다. 그래서 식당 이름도 '어부식당'이다. 섬에 들어온 지 3년이 되었지만, 아직 소매물도도 가보지 않았다는 부부. 섬에서 섬이 된 그들이 섬처럼 평화롭다.

해품길은 '햇살을 품은 길'이라는 뜻이다. 이 길은 학교에 가는 아이들의 등굣길이고, 바다로 나가는 어부의 길이다. 길은 시간과의 동행이며 삶의 흔적이다. 순정한 아침 햇살이 비치는 이 길을 아이들은 어깨동무하고 춤추듯 걸어갔을 것이고, 아비들은 만선의 꿈을 품고 바다를 향해 갔을 것이다. 해품길은 약 1시간 거리의 1코스, 약 두 시간 거리의 2코스 섬 전체를 한 바퀴 도는 3코스가 있다. 길은 당연히 3코스가 최고다. 총 5.2km인 해품길 3코스는 느린 걸음으로도 4시간 정도면 다 걸을 수 있다.

'야하다'는 말이 있다. 상스럽고 천박하다는 말이다. 그 '야'의 어원이 野(들야)라는 것을 아는 사람은 많지 않다. '야하다'는 원래 들판에 핀 꽃처럼 천연스럽고 허공을 지나가는 바람처럼 자연스럽다는 말이다. 때 묻지 않은 순수의 다른 말이다. 매물도는 야한 섬이다. 거칠 것 없이 시원한 바다는 에머랄드에서 코발트로 시시각각 빛을 바꾸고, 언덕 위의 초지는 바다를 향해 활짝 열려있다. 사방이 바다다. 한두 사람이 겨우 지나갈 만큼 좁다란 길도 사람의 손길이 거의 느껴지지 않는다. 꿈에서나 보던 먼 나라 같은 풍경이다. 동백숲 길은 다정하고 후박나무 군락지는 사랑스럽다.

어부식당에서 회 한 접시를 주문해 바닷가 식탁에서 저녁을 먹었다. 이른 아침, 어부가 낚시로 잡았다는 볼락에는 아직도 바다내음이 진하게 배어있다. 머위, 두릅, 상추 등 밭에서 갓 캐왔다는 채소들은 쌉싸름한 봄 향기가 가득하다. 바다와 들이 이 작은 밥상에 통째로 들어와 앉았다. 여행객은커녕 주민들조차도 보이지 않는 섬, 오늘 밤 이 섬은 온통 우리 차지다.

소매물도

소매물도는 국내 여행자들이 가장 사랑하는 섬 중의 하나다. 가파른 절벽과 푸른 바다, 눈부신 해안선은 이미 수많은 사람의 마음을 빼앗았다. 소매물도의 상징은 등대섬이다. 등대섬에는 바다에서 솟아난 듯 우뚝한 하얀 등대가 있다. 일제강점기에 만들어진 이 등대는 바다를 오가는 어선과 여객선뿐만 아니라 여행자들에게도 꺼지지 않는 불빛이 되었다.

등대섬 가는 길은 하루에 두 번, 두세 시간 정도 열린다. '열목개'라고 불리는 약 80m의 이 몽돌길을 여행자들은 마치 성지순례 하듯이 걷는다. 사람들이 등대섬을 찾는 이유는 '모세의 기적'을 스스로 체험하고 싶은 간절함 때문인지도 모른다. 쉽게 접근할 수 없어서 더 매혹적인 섬, 사람들은 열목개를 건너며 스스로 신화가 되고 싶어 한다.

소매물도의 부두에서 등대까지 가는 길은 매물도의 해품길보다 훨씬 잘 정비되어 있다. 여행자도 많다. 등대섬이 광고의 배경으로 유명세를 탔고, TV에도 자주 소개가 되었기 때문이다. 등대섬으로 가는 길은 망태봉으로 오르는 시멘트 길과 백리길, 두 갈래다. 망태봉으로 오르는 시멘트 길을 따라가면 시야가 확 터지는 등대섬의 풍경을 만나는데 비교적 편안하다. 다른 길은 백리길의 표지판을 따라 능선을 우회해서 가는 길이다. 한 사람이 겨우 지나갈 수 있을 만큼 조붓한 이 길은 조금 더 길지만, 후박나무, 사스레피나무, 동백나무 등 비밀스러운 숲의 풍경을 만날 수 있다.

추천 코스는 먼저 망태봉으로 올라갔다가 등대섬에서 나올 때 숲길을 걷는 것이다. 이렇게 한 바퀴를 돌면 소매물도 부두~망태봉~등대섬~백리길을 다 걸어도 3시간 정도면 충분하다. 소매물도는 주민이 20가구 남짓한 작은 섬이지만 부둣가에 식당과 찻집, 펜션 등이 제법 있어서 먹고 쉬기에는 부족함이 없다. 다만 상업 시설이 어수선하게 들어서서 고즈넉한 느낌은 덜하다.

현대인들은 언제부터인지 순수와 자연스러움을 잃어버렸다. 섬처럼 혼자가 되고, 섬처럼 외로워졌다. 섬으로 가는 여행은 잃어버린 야함을 회복하는 절호의 기회인지도 모른다. 그러니 당신, 통영의 먼바다에 있는 야하디야한 섬 '매물도'로 가보면 어떨지….

그대는 본래 야(野)한 사람이다.

Writer 조송희 Editor 조은영 Photographer 이규열

More Information

매물도 여행자를 위한 소소한 팁

① How to Get There

통영시 한산면에 속한 대매물도, 소매물도, 등대도 세 섬을 통털어 매물도라고 하나 일반적으로 대매물도만 매물도라 부르기도 한다.

통영에서 매물도 가기
통영에서 직선거리로 27km, 통영항에서 90분 걸려 도착한다. 당금마을과 대항마을(대매물도), 소매물도 세 항구 중 목적지를 정한다.

거제에서 매물도 가기
저구항 (거제)에서도 입도가능하며 1시간 걸린다. 하절기에는 하루 네번, 동절기엔 하루 세번 출항한다. 당금마을과 대항마을(대매물도), 소매물도 세 항구 중 목적지에 내린다.

대매물도에서 소매물도 가기
대매물도에서 소매물도는 배로 10분 거리다. 예약 없이도 배에서 직접 현금으로 2,000원을 지불하면 된다. 대매물도 당금마을 또는 대항마을에서 출발하며 배 시간은 매물도해운이나 한솔해운, 또는 당일 주민들에게 문의한다.

② Accommodation

당금마을 폐교 야영장은 아름다운 전망과 완벽한 부대시설로 캠퍼들에게 인생 캠핑장으로 불린다. 사전예약 없이 당금마을에 내려, 마을 수퍼에서 현장 결제한다. 현금을 준비할 것.

마을 민박은 대항마을의 대항부락에 많이 몰려있다. 매물도 펜션을 검색하면 정보를 얻을 수 있다. 가격은 5만~7만원(2인 기준)정도다. 소매물도에는 펜션, 민박이 많다. 소매물도펜션, 다솔펜션, 쿠크다스펜션 등이 있다.

③ Eat & Drinks

대매물도에는 식당이 하나밖에 없다. 대항마을 항구에서 보이는 노란 건물로 주민이 운영하는 '어부의 집'이다. 주인이 직접 잡은 고기로 회를 떠준다. (010-9665-4762)

소매물도에는 식당과 카페, 숙박 시설이 많다. 항구 근처에 바당 카페와 토박이음식점은 소매물도 토박이 주민 가족이 운영한다. 토박이음식점에서는 굴영양톳밥(16,000원)을 추천한다. 모든 요리에 매물도 물미역으로 만든 미역국이 함께 나온다. 바당카페에서는 커피와 함께 맛있는 수제 허니브레드, 티라미수, 와플 등을 즐길 수 있다.

④ Tips

대마물도 트레킹
2007년부터 조성된 탐방로는 대매물도 당금마을에서 장군봉을 거쳐 대항마을까지 약 5.2km 이어진다. 대매물도 트레킹을 결정했다면 숙박을 하면서 여유를 가지는 것을 추천한다.

소머물도 트레킹
소매물도 항구부터 등대섬까지는 2.3km 와 1.3km 두 가지 코스가 있다. 열목개 길이 열리는 시간은 포털사이트에 '바다갈라짐'이라고 검색하면 연결되는 국립해양조사원 사이트에서 미리 알아볼 수 있다. 그 시간을 기준으로 앞뒤 30분 정도 여유가 있으니 배 시간을 참조하여 소대물도 방문을 미리 계획한다.

매물도 특산물
톳, 돌미역, 모자반, 물메기탕(겨울), 대구탕(겨울)

The Island Called Yok-Ji-Do
욕지도, 판단은 금물!

'알고자 하는 의욕'이란 뜻의 욕지(欲知). 욕지도는 통영 섬 관광 1번지다.
알고 싶지 않아도 한 번만 다녀오면 진짜 '알고자 하는 의욕'이 솟아나는 곳.
미리 판단은 금물이다.

압도적으로 좋은 것에는 호불호가 없다.
욕지도는 사실 통영의 섬 중 가장 인기 있는 곳 중 하나다. 모노레일, 고등어, 참치회 고구마 막걸리, 고메원도넛, 짬뽕! 알려진 것이 많을수록 기대감은 낮아진다. 몇 개의 키워드만 보고 한 섣부른 판단이 오히려 진실을 가리기도 한다. 에디터도 욕지도를 가보지도 않고 미리 판단했었다. '내 취향은 아닐 거야.'
욕지도에 도착하자마자 다소 복잡해 보이는 항구를 얼른 벗어나고 싶었다. 차량을 배에 싣고 왔으니 지체할 것 없이 바로 섬을 한 바퀴 돌아보기로 했다. 항구에서 출발하는 마을버스도 있고, 자전거나 오토바이 대여소도 보였다. 차가 없어도 욕지도를 여행하는데는 여러 가지가 가능했다.
해안도로를 따라 한 바퀴 도는 동안 기분이 슬슬 좋아졌다. 내내 바다가 동행했다. 한 번도 시야에서 숨지 않았던 청명한 바다는 커브를 돌 때마다 입이 다물어지지 않는 경이로운 풍경을 쏟아냈다. 몇 번이고 차를 세워야만 했다. 공기를 엎어 놓은 듯한 동그란 섬들이 동동 떠 있는 풍경이 실크 양탄자처럼 보드랍고 낮게 눈앞에 펼쳐졌다. 욕지도 해안도로는 내내 바다를 내려다보는 전망을 선사한다. 섬을 한 바퀴 돈 후 모두의 볼은 한껏 상기되어 있었다. 인생 드라이빙이다. 아무도 이의가 없었다. 압도적으로 좋은 것에는 호불호가 없으니까.

"여기 해안도로는 진짜 좋던데요." 욕지도 주민들과 대화를 하다가 무심코 던진 말이었는데 명쾌한 답을 내놓는다. "주민들의 희생이에요. 도로를 낸다고 할 때 주민들이 사유지를 다 내줬지요. 저도 그랬고요." 그 덕분에 바다를 옆에 두고 도로가 편안하게 이어진다. 절경을 놓치지 않고 눈에 마음껏 담을 수 있었다. 눈 호강이란 이런 것이다. 우울감이 단번에 날아가고, 몸과 마음이 두둥실 가벼워졌다. 이 섬에서라면 일주일, 아니 한 달을 살아봐도 좋을 것 같았다. 멋진 숙소들도 곳곳에 많았다. 지중해 스타일의 '옵타티오 펜션'은 종일 정원을 가꾸는 부지런한 사장님과 예쁜 조식을 준비해 주는 감각 좋은 딸이 있다. 글로벌 감각을 탑재한 욕지 토박이가 운영하는 곳이라 그런지, 소박하고 정겨운 스타일의 섬 민박집들과는 180도 다른 경험을 선사한다. 산뜻한 오렌지 컬러의 지붕 위로 로즈마리 향이 흩날리고 발아래로는 푸른 바다가 드넓게 펼쳐졌다. 지중해의 휴양지 풍경이 머릿속에 떠올랐다. 단숨에 아주 먼 곳에 온 듯한 느낌! 수국이 피는 계절이 기대된다. 옵타티오 수국 정원이 궁금해서라도 다시 욕지도행 배를 타야할 것 같다.

욕지도 고메(Gourmet)

조선시대의 욕지도는 통제영 관리하에 진상용 사슴을 기르던 섬이었다. 민간인은 거주 허가가 나지 않다가 통제영이 폐지된 1887년부터 사람이 살기 시작했다. 2년 뒤 조일통어장정이 체결되고 일본인 어부들이 욕지도에 들어오기 시작했다. 고등어가 많이 잡혀 파시(시장)까지 있었던 과거의 흔적들은 좌부랑개 마을에 고스란히 남아있다. 1921년 기록에 의하면 섬에 살던 일본인이 300여 명이나 됐고 순사 주재소와 우편소, 소학교, 신사까지 있었다. 목욕탕, 이발소, 당구장, 술집 등도 성업을 하며 인파로 북적였다. 고등어가 서서히 사라진 것은 1960년대 들어오면서부터다. 그러다가 2000년대 초반 욕지도 어민들이 가두리 양식시설을 이용해 국내 최초로 고등어 양식에 성공하면서 욕지도는 다시 고등어의 섬이 되었다.

항구 근처의 식당들은 고등어회를 찾는 관광객들의 인파가 이어진다. 고등어는 욕지도의 '맛'이니 당연히 맛봐야 할 욕지도 고메(Gourmet)다. 몇 해 전 한 먹방 유튜버가 와서 욕지도 순례를 한 이후 고등어회는 물론 해물짬뽕, 해물라면, 전복죽 등이 모두 다 유명해졌다. 욕지도 고구마로 만든 도우넛과 전통주, 빵까지 다 먹어봐야하니 하루 이틀 머물러서는 택도 없다.

욕지도 고구마에는 특별한 점이 있다. 비탈밭의 마사가 섞인 황토는 물 빠짐이 좋아 고구마 생육에 탁월하다. 거기에 해풍과 햇살은 고구마의 향미를 배가시켰다. 전국에서 가장 유명한 '욕지도 고구마'의 탄생이다. 고구마를 사투리로 '고메'라 하니 욕지도 고메(Gourmet) 두 번째는 고구마다. 이제 세 번째 고메(Gourmet)를 소개한다. 욕지도 참치다. 탐험가들에게 아직 정복되지 않은 땅이 매력적이듯, 세상에는 미지의 식당들도 널렸다. 욕지도 생참치를 맛볼 수 있는 '문참치'를 통영관내에서 이미 다녀온 터라 욕지도에서 '초밥먹자'라는 간판을 단 식당을 찾았을 때 큰 감회는 없었다. 하지만 식당을 나올 때 즈음 생각은 바뀌었다. 안양에서 일식집을 하던 염완걸 사장은 아내의 고향인 욕지도에 정착해 욕지도산 참다랑어로 초밥과 사시미를 내는 식당을 오픈했다. 싹싹하고 부지런한 젊은 부부의 성실함 덕분에 최근 가게도 넓혔고 점점 단골들도 많아지는 중. 돈까스, 우동, 나가사키짬뽕 등 메뉴가 많아 뭐하는 집인가 의심했다면, 인스타그램에 염사장이 참다랑어 먹이 주는 포스팅, 참치 해체하는 포스팅을 보면 이 집에서 초밥과 사시미를 먹어야 하는 이유를 알게 된다. 11시부터 2시까지 운영하는 런치코스는 가성비가 매우, 매우 좋다.

수국섬 연화도

욕지면을 구성하는 9개의 유인도 중 욕지도 동쪽에 있는 연화도는 면적이 1.72㎢, 해안선 길이가 12.5㎞인 작은 섬이다. 마치 연꽃이 피어난 듯 아름다운 경치를 자랑하며 통영 섬 중에 최초로 사람이 살았다는 기록이 있을 정도로 환경이 좋다. 특히 연화도의 용머리는 통영8경 가운데 하나이며 동백나무, 풍란, 후박나무 군락과 '수국섬'이라는 별명이 있을 정도로 여름 수국이 볼 만하다. 또한 연화사와 보덕암을 비롯한 불교 흔적들이 산재해 있어 불교 성지로도 알려져 있다. 연화사 건물은 단출하지만 기품이 있어 종교에 관계없이 방문하는 이에게 편안한 느낌을 선사한다. 연화도는 두 시간 남짓 걸리는 트레킹 코스가 두 개 있어 도보 여행자들이 꾸준하다. 통영여객선터미널에서 1일 5회 정도 출항하는 배가 있으니 욕지도와 연계해서 방문하길 추천하고 싶다. 통영-욕지도-연화도-통영 순으로 배편을 끊으면 두 섬 모두 볼 수 있겠다.

욕지도를 다녀온 후 통영에서 우연히 사진작가 미노의 전시를 볼 기회가 있었다. 욕지가 고향인 그는 고향에 갈 때마다 배에서 만난 바다와 파도를 클로즈업해 셔터를 눌렀다. 단정하면서도 도발적인 파도가 액자 안에서 춤추고 있었다. 욕지에 다녀온 후 한동안 상사병을 앓고 있었던터라 그 전시가 더 반가웠다. 미노 작가를 서울에서 굳이 통영으로 불러들여 전시회를 꾸민 장윤근은 서피랑 토박이다. 편집숍 '장수거북이'와 한옥스테이 '이음'의 주인장인 그는 놀라운 안목과 감각의 소유자다. 장윤근도 근미래에 욕지도에 작업실을 가지고 싶다 했다. 고구마 밭을 끼고 있는 작업실을 마련해 마음 맞는 친구들과 함께 창작활동을 마음껏 하고 싶다고.

우붓(Ubud)이 작고 깊숙하게 존재하지만 어떤 면에서 세상의 중심이 되었다면, 욕지도도 근미래에 어떤 세계의 중심이 될만한 곳이라는 직감이 왔다. 욕지도 상사병이 판단 감각을 흐려놓았대도 좋다. 우리 일행은 모두 욕지도에 한껏 과하게 반했음을 고백한다.

Editor 조은영 Photographer 이규열

More Information

더 알고 싶은 곳, 욕지도 근간 여행을 위한 유용한 팁

① How to Get There

삼덕항, 통영항, 중화항 세 군데의 터미널을 이용할 수 있다.
가장 가까운 곳은 욕지도 직행으로 가는 삼덕항 여객선 터미널이다. 1시간 소요.
영동해운
055-642-2588 www.yokjido.or.kr
편도요금 성인 7,600 경차 18,000 승용차 22,000 9인승 이상, 승합차 27,000

② Visit

천황산은 욕지도 최고봉(392m)이다. 1시간 30분~4시간 30분 정도 소요되는 코스가 있다.
욕지도출렁다리, 천황산, 해안일주도로, 삼여전망대, 새천년기념공원, 욕지도모노레일, 한려해상전망대, 새에덴 동산 등 방문지가 많다.

③ Accommodation

옵타티오펜션
5개의 원룸형 2인 객실 외에 가족이 쓸 수 있는 복층(20평, 40평, 6인/10인)객실을 구비한 환상적 전망의 펜션. 조식 서비스, 아름다운 수국정원.
통영시 욕지면 욕지일주로 1054
010-9062-9956
@optatio_pension

④ Tour & Transportation

마을버스 선착장에서 마을버스를 타고 욕지도를 한 바퀴 돌 수 있다.
50분 소요되며 요금은 1,000원
6시55분, 8시35분, 11시05분, 12시30분, 14시30분, 16시30분 출발
010-5423-8259

⑤ Eat & Drink

초밥먹자
욕지도산 생참치 전문점. 가격대비 구성이 훌륭한 회와 초밥.
통영시 욕지면 서촌윗길 171-22 1층
055-646-2563
11:00~23:00 월 휴무

한양식당
짜장과 해물짬뽕이 유명한 욕지도 인기식당
통영시 욕지면 서촌윗길 183-3
055-642-5146
09:30~14:00 수 휴일

해녀포차
신선한 해산물과 고등어회, 전복죽 전문점.
통영시 욕지면 서촌윗길 171-3
고등어회(마리당)15,000 해산물모듬 소 20,000 대 30,000 멍게 5마리 10,000

⑥ Tips & Advice

욕지도
예전엔 녹도라 불린 섬으로 두미도, 상노대도, 하노대도, 두도, 연화도 등 9개의 유인도와 30개의 무인 도가 있는 욕지면의 주도다.

지역특산물
고구마가 유명하다. 참치, 고등어, 김, 굴 양식 그리고 감성돔의 어종도 풍부하다.

해수욕장
북쪽의 덕동 해수욕장은 300m에 걸쳐 까만 몽돌밭과 솔숲이 펼쳐져 있어 여름이면 해수욕과 낚시 인파로 북적인다. 흰작살, 유동, 도동 해수욕장도 있다.

Coffee Time in Tong Yeong
요즘 카페

사람이 모이는 곳에는 그만한 이유가 있다. 통영에도 그런 '핫스팟'들이 있다. 전국의 멋진 카페들을 찾아다니는 카페탐험가의 눈에 비친 통영의 멋진 카페들.

이타라운지

야외 음악회를 즐길 수 있는 오페라하우스 같은 카페가 통영에 있다. 이타라운지는 제43회 한국건축가협회상을 수상한 곳으로 이미 알만한 이들은 알고 있는 곳, 건축상을 받은 아름다운 건물에는 카페와 숙소가 함께 있다. 방문객들의 시선을 처음 사로잡는 것은 바로 뮤직홀. 하얀 그랜드 피아노가 중앙에 놓여 있는 뮤직홀은 오페라하우스의 원형 구조를 차용해 소리가 잘 울리게 디자인된 공간이다. 야외 계단은 자연스럽게 사람들이 앉는 좌석이 된다. 이탈리아 밀라노 국립음악대학원 오페라 학과를 수석으로 졸업한 김영광 대표는 이곳에서 가끔 손님들을 위해 멋진 노래를 불러주기도 한다. 가장 낮은 음역대인 베이스가 전공이라 그의 노래는 홀 전체를 묵직하고 풍성하게 채운다.

내부 공간은 문을 열기만 하면 뮤직홀로 뚫려 있어 개방감이 좋다. 밝은 뮤직홀에 비해 카페는 어둡고 차분한 분위기다. 멋진 건축물에 감탄하며 들뜬 마음은 이내 차분해 진다. 바야흐로 커피타임! 실험실에서 볼 법한 플라스크에 사이폰 방식으로 내려주는 커피, 사이폰 전용 필터로 커피를 내리면 종이 필터로 내릴 때보다 부드럽고, 깔끔해지며 향미도 더 풍부해지는 것 같다. 서피랑에 있어 두루 걸어다닐 수 있는 위치다.

📍 통영시 문화동 301
📞 010-5752-5252
🕐 매일 11:00~18:00

배양장

남해 바다는 동해나 서해와는 다른 색다른 풍경이 펼쳐진다. 잔잔하고 호수같은 바다의 수면 위로 둥둥 떠 있는 부표가 인상적인 산양읍의 조용한 바닷가 어촌 마을에서 순간 일본의 소도시 이네후나야에 온 느낌이 들었다.

통영에서 배양장이라 하면 그렇게 낯선 단어가 아니다. 가업을 이어받아 25살부터 8년 동안 수산업(멍게 양식업)을 해 왔던 김대표는 방치되어 있는 아버지의 멍게 배양장 중 한 공간을 두고 고민하기 시작했다. 카페를 운영하겠다던 목표를 가지고 있던 그는 심사숙고 끝에 바로 이 공간을 카페로 변신시키기에 이르렀다. 문을 열고 들어서자마자 공간 전체에서 퍼지는 인센스의 기분 좋은 향에 이끌려 나도 모르게 커피와 디저트를 주문했다. 공간은 카메라 셔터 소리마저 크게 들릴만큼 조용하다. 오션뷰를 배경으로 다들 자신만의 액자뷰를 담는다. 벽면과 공간 중간에 내려오는 기둥과 골조는 그대로 살려 공간의 세월을 고스란히 느낄 수 있다. 내부는 주변 환경을 온전히 느낄 수 있도록 최대한 어두운 컬러로 창이 있는 벽면을 둘러 테이블과 의자를 배치했다. 덕분에 창 너머 바다 풍경에만 집중할 수 있다. 무쇠로 만든 가운데 긴 테이블은 주변의 뷰와 함께 길고 높은 이곳의 공간을 함께 감상하는 의도가 담겨있는데, 심미성과 기능성 둘 다 잡았다. 배양장에서 꼭 앉아보고 싶은 자리가 또 있다. 바다 앞에 놓인 오션 프론트 테이블이다. 루프톱에서 보는 통영의 오션뷰도 놓치지 말 것. 독보적인 통영의 한 가족의 이야기가 있는 펼쳐지는 이 공간이 누군가에게 '호시절의 순간'이자 영감을 줄 수 있는 공간이 되길 바란다.

📍 통영시 산양읍 함박길 51
📞 0507-1323-6330
🕐 화요일 휴무

포지티브즈 통영

포디티브즈 춘천에 이어 통영에도 포지티브즈가 있다. 춘천과 비슷한 느낌의 인테리어를 유지하면서도 원목 특유의 따뜻한 느낌을 살렸다. "이런 곳에 괜찮은 카페가 있을까?" 싶을 정도로 사람들의 왕래가 많은 동피랑 마을 한가운데 있지만 골목 안쪽에 숨어 있어 한적하고 평화롭다. 유럽의 작은 가정집으로 초대받은 느낌이 드는 외관, 꽃과 나무들이 어우러진 작은 정원을 품고 있는 건물은 보는 것만으로도 마음이 따스해진다. 그늘 아래 자리, 테이블 자리도 다 마음에 든다. 이곳에서 따스한 햇살을 맞으며 잠시 나른함을 즐기고 싶어졌다. 카페 내부는 목재가구와 광목 테이블보, 클래식하고 빈티지한 소품들로 꾸며졌다. 조용한 분위기 덕에 혼자 책을 읽거나 한가하게 시간을 보내기에도 좋다. 라떼는 묵직하고 고소하다. 아메리카노는 산미가 있고 좀 더 가벼운 원두를 사용한다. 이곳의 시그니처 메뉴는 페션프루츠 에이드와 딸기쥬스인데 신선한 생과일을 사용해 맛도 비주얼도 만점 바질 페스토와 신선한 채소로 만든 햄치즈샌드위치도 아주 맛있었다.

📍 통영시 중앙시장4길 6-33
☎ 055-642-3757
🕐 11:00~19:00, 목요일 휴무

루미노소

동피랑 벽화마을 좁은 골목길을 따라가다 보면 화이트와 푸른 바다색이 어우러진, 산토리니가 떠오르는 카페가 나타난다. '빛을 내는, 빛나는' 이란 뜻을 가진 루미노소는 동피랑 마을에서 가장 높고 아름다운 곳에 있다. 아늑한 분위기 덕에 날씨가 좋으면 이곳에 앉아 달콤한 망중한을 보내고 싶어졌다.

1층 통창이 있는 내부 공간은 새하얀 벽에 빈티지한 소품이 멋스러워 곳곳이 포토존이다. 2층의 루프탑에 오르면 강구안이 한눈에 내려다보이는 절경이 펼쳐진다. "힘들어도 여기까지 올라오길 잘했구나"라는 생각이 들었다. 춘천에서 평범한 직장인이었던 주인장은 통영에 여행을 왔다가 강원도의 바다와는 또 다른 매력을 가진 통영 바다의 매력에 빠져 2년 전 이곳에 카페를 차렸다고 한다. 알록달록 비주얼도 좋고 맛도 좋은 에이드가 유명하다. 라벤더향이 오묘하게 섞인 라벤더 라떼가 이곳의 시그니처 메뉴다. 무더운 계절엔 상큼한 맛의 레몬 샤베트도 제격이다. 모든 음료에 재료를 아끼지 않고 듬뿍 듬뿍 넣어주는 주인장의 정이 느껴지는 곳이다.

📍 통영시 동피랑2길 32
📞 0507-1336-0221
🕚 11:00~18:00 화요일 휴무

네르하21

도산면 도선리 언저리에서 시작해 광도면 용호리를 잇는 30여km의 '도산 일주도로'는 '통영의 발코니'로 불릴만한 이름난 드라이브 코스다. 차창 너머 멀리 보이는 사량도를 바라보며 들쑥날쑥 자리 잡은 해안과 포구를 끼고 달리는 동안 여행자들은 '행복'이라는 감정에 오롯이 충실해진다. 내비를 믿고 갔지만 정말 이 길로 가면 카페가 나올까 의심이 들 때 즈음, 화이트톤의 멋진 건물이 '짠'하고 나타난다. 유럽의 발코니로 불리는 스페인의 '네르하' 느낌 그대로다. 산양면의 기암 절벽과 해안선이 어우러진 모습은 이국적인 휴양지 느낌이 물씬 풍긴다. 탁 트인 오션뷰가 마음까지 시원하게 해 주는 곳, 야자수, 해안선으로 내려갈 수 있는 야외 테라스 좌석과 바다를 한에 담을 수 있는 루프탑까지! 모든 곳이 포토존이라, 이곳 저곳 인생 샷을 찍고 싶은 이들로 가득하다. 낮에도 좋지만 노을 질 무렵이면 그림 같은 바다의 색채가 더욱 깊어진다.

📍 통영시 도산면 도산일주로 954
📞 0507-1480-0196
🕐 10:00~22:00

Writer/Photographer 자잡토 **Editor** 조은영
자잡토는 남들이 모르는 멋진 장소를 발굴하는 '콘텐츠여행자'다. 신상 카페는 모두 가보고 싶어 몸살이 나는 사람, 커피가 주는 위안과 로망에 탐닉하는 커피 애호가, 스스로를 '카페탐험가'라 정의한다.

ON THE MOVE   MEET

One Fine Day

도시 전체가 하나의 전시관이 됐던 통영의
아름다운 봄날. 이제 통영살이 5년 차에 접어든
통영국제트리엔날레추진단 김지인 단장을 만났다.
그와 동행한 통영에서의 하루.

Editor 이비 **Photographer** 이규열

김지인 단장/기획감독
통영국제트리엔날레 추진단

2022년 3월18일부터 5월8일까지 52일간 열렸던 제1회
통영국제트리엔날레의 수장이었던 김지인 단장이 처음
통영과 인연을 맺은 것은 2008년부터 섬 발전계획 연구를
진행하면서부터다. 2018년부터는 본격적으로 통영의
문화관광, 문화예술, 도시재생 분야의 정책자문 및 기획에
참여했다. 문화관광과 경영학을 전공하고 도시재생,
문화관광, 메가이벤트 분야의 전문가로 활동 중인 그는
지역의 새로운 공간 탐험을 좋아하고 문화, 예술, 이벤트,
로컬커뮤니티 등을 통해 도시와 지역, 골목과 공간을 바꾸는
것에 관심이 많다. "통영의 문화적 DNA는 상상 그 이상이며
그 문화적 DNA가 통영의 미래를 바꿀 수 있다고 믿어요.
통영은 살아있는 예술가의 도시입니다." 라고 정의한다. 그는
통영과 통영 사람을 사랑한다.

1 07:00 Breakfast 통영식 아침식사

과거에도 통영은 그에게 낯선 곳은 아니었지만 이번처럼 거주지를 아예 옮긴 것은 나름 큰 결정이었다. 일 때문에 인연이 된 도시이긴 하지만, 이제는 통영이 고향처럼 느껴진다. 행사는 이제 막바지로 접어들었지만 통영에 집다운 집을 가지고 싶다는 생각이 들어 얼마 전 바다가 보이는 곳으로 이사했다. 일하는 시간도 중요하지만 집에서의 여가도, 휴식도 중요하다. 바쁜 아침. 여느 직장인들처럼 그도 일찍 집을 나서야 한다.
"빼떼기죽 아세요? 이게 맛도 좋지만 영양가도 있어서 든든해요. 간편식이라 데우기만 하면 되니까 편하고요. 어울릴지 모르겠지만 김치가 없어서, 오늘은 통영산 오징어젓갈을 꺼내 봤어요. 이것도 메이드인통영이에요. 지역의 좋은 제품을 찾아서 소비하려고 찾아봤는데 아주 만족합니다."

로컬먹거리

통영 빼떼기죽은 100% 국산 고구마와 팥, 강낭콩, 쥐눈이콩, 조 등이 들어간 영양죽이다. 남녀노소 누구나 좋아할 만한 맛으로 소화가 잘 되어 아침 대용으로 좋다.
해다은은 통영산 신선 해산물로 젓갈 제품을 만드는 _기업이다. 김단장이 추천한 제품은 비빔밥용 양념 멍게젓갈이다. 300g으로 3~4인용 멍게비빔밥이 뚝딱 완성되는데, 밥과 함께 김가루와 참기름, 야채를 넣고 비비면 끝. 온라인 통영몰(tyeshop.com)에서 구입 가능하다.

2 07:30 Running 아침 운동

"매일 운동을 하지는 못해요. 그래서 잠깐이라도 짬이 나면 차를 세워놓고 미수해안로를 가볍게 달려요. 달리기를 하면서 오늘 일정을 머릿속으로 정리도 하고, 하루를 상쾌하게 시작합니다. 아직은 날이 덥지 않아서 운동하기 참 좋네요. 조금 더워지면 죽림에 있는 통영체육청소년센터에서 수영을 할까 생각합니다. 호텔 수영장 부럽지 않은 젼면 바다 전망이 있는 수영장입니다. 이런 것을 누릴 수 있다는 것이 통영에 사는 기쁨이지요."
여행하면 머물고 싶고, 머물다 보면 살고 싶어지는 도시, 그런 곳이 통영인가보다. 통영에 정착한 외지인들의 이야기를 들어보면 공통점이 있다. 바다, 날씨, 음식, 문화… 예찬이 이어진다. 그 아름답고 풍요로운 도시의 품에 기대어 살고픈 이들은 결국, 통영에 정착한다.

미수해안로 바다가 보이는 카페
통영대교가 보이는 아름다운 카페와 호텔, 그리고 선착장, 연필등대, 공원이 있어 미수해안로는 시민들 뿐만 아니라 관광객들도 많이 찾는다. 김지인 단장이 추천하는 장소는 일월십사일 카페, 포르투나호텔의 루프탑 바 등이다.

3 09:00 At Work 국제트리엔날레 추진단 사무실

통영리스타트플랫폼은 그가 일하는 사무실이다. "여기가 신아sb 폐조선소 자리예요. 저기 보이는 도장장과 골리앗크레인이 이곳의 상징이지요. 원래는 도장장을 주제관, 골리앗크레인을 미디어아트 전시 작품으로 기획했지만 사정상 어렵게 되었어요. 신아sb 폐조선소 연구동 일원이 주제관이 되었고 나머지 전시들은 내륙과 섬을 포함해 도시 전체를 하나의 전시관으로 구성했습니다."

바다가 보이는 사무실에서 직원들과 오전 회의로 하루를 연다. "드디어 시작되었습니다. 2년 동안 준비해 온 행사가 이곳 저곳에서 동시다발적으로 열리고 있거든요. 도시 전체가 전시장이다보니 체크 사항이 많습니다. 처음 시작하는 걸음이라 아직도 미흡하지만 시작이 반이라고 앞으로 더욱 발전하겠지요. 오신 김에 여러 곳 다니면서 되도록 많이 관람해 주세요."

통영국제트리엔날레
비엔날레는 2년, 트리엔날레는 3년을 주기로 개최되는 국제미술제다. 2022 제1회 통영국제트리엔날레 기간 동안 통영은 내륙과 섬을 포함한 도시 전체가 크고 작은 하나의 미술관이 됐다. "통영:섬·바람"을 주제로 통영의 과거-현재-미래의 시간, 통영의 흔적, 통영다움을 이야기했다. 공식적으로 15만 _여 명의 관람객이 방문한 것으로 최종 집계되었다.

4 12:30 Lunch Invitation 점심식사

통영에서 일하면서 작가들과의 교류가 많아진 것이 가장 큰 기쁨이다. 오늘은 전영근 관장님 댁에 점심 초대를 받았다. 화가 전혁림이 살던 공간에서, 그가 생전 앉았던 식탁에서 식사를 할 기회다. "감사하게도 오늘이 두 번째인데요. 첫날의 감동은 아직도 잊을 수가 없어요. 전혁림 화백이 계시던 공간에서 아들인 전영근 관장님 부부와 함께 식사를 하다니요. 사모님이 준비한 요리들은 전화백께서 생전 좋아하셨던 음식이라고 하더라구요. 사모님 음식 솜씨가 상당하답니다. 오늘도 상이 멋지죠?" 유곽부터, 각종 나물, 장어구이, 탕국 등 통영의 한 계절이 식탁 위에 고스란히 담겨있다. 동서양의 도자기와 잔이 골고루 섞이고, 통영의 식재료와 전라도 손맛이 더해진 화합의 식탁은 보기에도 참 아름답다. 화가의 아내가 식탁의 예술가가 되는 순간!

전혁림미술관

봉수골에 위치한 전혁림미술관은 통영을 대표하는 화가 전혁림을 소개하는 공간으로 아들인 전영근 화가가 아버지를 기리기 위해 직접 지었다.

5　15:00 Art Class 미술관 방문

통영옻칠미술관 김성수 관장님과의 만남은 언제나 즐겁다. "관장님의 지도로 옻칠공예를 직접 체험해 볼 기회가 있었어요. 신기하기도 하고, 막상 해보니 저런 대작을 하려면 시간이 얼마나 걸리는 작업인지 상상도 할 수 없더라고요. 통영을 대표하는 이 시대의 대가들과 교류하고 그들의 작업을 이해하는 시간을 가질 수 있다는 것이 저에게는 무한 영광이고 또 소중한 일이랍니다."

통영옻칠미술관
통영옻칠미술관은 통영 전통공예인 나전과 옻칠공예 그리고 옻칠회화의 모든 것을 배울 수 있는 공간이다. 김성수 관장은 옻칠회화의 창시자다.

6　18:30 Relaxing 휴식

그가 가장 좋아하는 향은 편백나무향이다. 업무로 머리가 복잡할 때 편백향을 맡으면 마음이 편안해진다고. 통영에서 스트레스 받을 일이 뭐가 있겠냐는 우문에 '대도시보다 업무 환경이 좋지만, 그래도 일이다보니 스트레스가 없는 건 아니예요. 제가 통영에서 언제든 편히 쉴 수 있는 저만의 편백숲을 찾았답니다." 지인이 운영하는 편백숲길캠핑장은 그가 편안하게 드나드는 곳이다. "통영에서 인연을 맺은 형님과 형수님이 언제나 따뜻하게 맞아주셔서 내 집처럼 드나들고 있어요. 트리하우스에서 책도 읽고 낮잠도 자고 그래요. 시내에서 10분 거리에 이렇게 편한 휴식공간이 있다는 것이 저에게는 얼마나 고마운지 몰라요. 오늘은 형님 내외와 삼겹살 구워 먹고 가려고 맘먹고 왔습니다. 여기서 보는 일몰이 참 아름다워요."

편백숲길관광농원
통영시 인평동에 위치한 농원으로 글램핑장, 캠핑장 등이 함께 있다. 여름에 이용할 수 있는 수영장, 간이매점 등의 부대시설을 갖추고 바다 전망과 함께 토끼, 조랑말 등 동물 가족들을 만날 수도 있는 도심 속 휴식처다. www.tycamping.com

Meet the Locals
통영이 좋아요

연고도 없는 외지인들의 통영 정착 스토리는 언제 들어도 흥미롭다. 어쩌면 토박이가 아니어서 통영의 장점을 더 잘 취한다. 긴 시간 타지에서 보내고 통영에 돌아온 이의 이유도 궁금하다. 만족스럽게 하루하루 꾸려가고 있는 부러운 리얼 통영 피플들!

Editor 김관수 **Photographer** 이규열

행복을 위한 셀프유배, 상국씨 가족

서울대 커플, 한국 남자 상국과 일본 여자 케이코는 부부가 되었고, 둘 다 소위 대한민국 최고의 직장을 다니며 남부럽지 않은 생활을 이어갔다. 부부에게 아이가 생기자 인생의 전환점이 왔다. "여기서는 아이를 키울 수 없다." 둘이 결정한 가장 중요한 일은 아이가 건강한 자연 속에서 자랄 수 있는 환경이었다. 그렇게 무모할지도 모르는 긴 여행이 시작되었다.

상국씨 부부가 숨어든 곳은 연고 하나 없는 통영의 작은 해안가 마을 풍화리. 도시가 주는 혜택과는 단절된 오지나 다름없는 곳이다. 한려해상국립공원 내에 있는 아름답고 조용한 시골마을, 부부가 이곳을 선택한 가장 중요한 이유는 이랬다. "천혜의 자연도 좋지만, 국립공원 특성상 개발이 힘들다는 사실이 저희가 원하는 아이들 교육에 있어서 최상의 조건이라고 생각했어요. 어른들에게는 고립된 삶이 될 수도 있겠지만, 아이들은 도시의 각종 공해에서 벗어나서 건강하게 마음껏 뛰어놀고, 하고 싶은 것들을 찾으면서 자연과 함께 올바르게 세상을 배울 수 있을 거라고 생각해요. 저희가 서울에서 보냈던 매일매일 기계처럼 돌아가던 삶을 아이들에게는 물려주고 싶지 않았고, 아이들이 엄마 아빠와 놀고 싶을 때는 언제든지 같이 놀아주고 싶었습니다." 우리 시대의 엘리트 부부는 그렇게 통영에서의 셀프유배를 선택했다.

6년이 훌쩍 넘은 지금은 어떤지, 아이 셋과 살아가는 바닷가의 삶이 궁금했다. "아직 풍화리를 떠날 계획은 없어요. 언젠가 아이들이 다 크고 나면 그때는 생각해볼 수도 있겠지만요. 통영은 살수록 만족스러운 곳이에요. 아이들이 문화적 예술적 소양을 키우기에 이곳만한 곳이 없다고 생각해요. 수준 높은 예술가들의 전시, 공연이 수시로 있고 정말 좋은 선생님들이 계셔서 아이들에게 너무 좋아요." 카페 앞에 만발한 생로즈마리를 꽈 바로 차를 내주었다. "단골손님들은 대부분 멀리서 온 라이더와 낚시꾼들이죠." 갯마을 앞 바다에는 양식장과 낚시터들이 자리를 잡고 있다. 지극히 통영다운 어촌마을은 둘 좋은 어장이다. 감성돔, 참돔, 볼락, 도다리, 학꼬치 등 고급 어종을 찾아오는 강태공들의 밥상은 늘 신선하고 풍성하게 차려진다. 바로 앞에 바다를 두고 있는 상국씨네도 마찬가지. 텃밭에서 직접 키운 식물과 자연이 선물한 최고의 식재료들로 아이들과 카페를 찾는 손님들을 살뜰히 챙기고 있다.

상국씨네 이야기는 '인간극장'이란 TV프로그램을 통해 처음 세상에 알려졌다. 이웃이 제보한 그들의 이야기가 전파를 타고 전국의 모든 TV를 통해 전해졌다. 아빠와 엄마의 소망이 담긴 통영의 품 안에서 성장한 아이들은 어떤 모습의 어른이 되어 갈까? 먼 훗날 동화리의 때 묻지 않은 자연을 먹고 훌쩍 자란 아이들의 모습을 또 다시 TV 화면 속에서 만날 수 있길 기대해 본다.

카페 드 안트워프
📍 통영시 산양읍 풍화일주로 1183
📞 010-9084-5275

감성 비즈니스맨 구학성

"통영에 온 지 20년이 넘었습니다. 이제 통영 사람이라고 하는 게 맞죠. 앞으로도 계속 통영에 살 생각이고요."
경남지역 최대 가구유통매장을 운영하고 있는 구학성 대표의 취미는 사진이다. 사실 취미 이상의 솜씨라 전시도 여러 번 했으니 프로나 마찬가지. 주말이나 업무 중간중간이라도 기회가 되면 카메라를 들고 통영의 구석구석을 찾아다닌다. 그동안 정기선도 없는 통영의 섬들을 이곳저곳 찾아다니면서 어르신들 사진을 찍어드리기도 했고, 그 마을 음식을 함께 나누며 쉽게 드러나지 않는 통영의 깊숙한 애환들을 마음에 담기도 했다. "읍도에 갔을 때 마을 어른들과 막 잡은 해산물로 한 끼 식사를 같이하고 도란도란 이야기를 나눴어요. 2시간 만에 1년 만난 사람처럼 가까워지는 묘한 기분을 경험했습니다. 그래서 관광지가 아닌데도 읍도처럼 잘 알려지지 않은 섬에 자꾸 가게 되는 것 같아요."

구대표가 이른 아침, 에디터를 이끈 곳은 숨겨진 개인 정원이었다. 노부부가 오랜 시간 가꾼 곳으로 민간정원으로 등록되었다. 이곳에 구대표의 작품이 있다. 그가 정원 군데군데 설치한 시설과 가구들이다. 종종 들러 상태를 확인한다. 업무처도 다르게 보면 작품을 위한 공간이 된다. "이 꽃 좀 보세요. 얼마나 아름다워요? 일상을 카메라에 담을 때 통영이 더 소중하게 느껴져요." 스스로 통영의 '일상풍경사진가'라고 말한다. "통영은 소박하고 순박한 도시에요. 일상의 풍경이 다 작품이 됩니다."

구대표는 통영에 오기 전 인천에서 사업을 했다. 가구업계가 휘청거리면서 잘 되던 사업이 결국 부도를 맞은 뒤 무작정 여행을 떠났다. 발길 가는대로 다니던 쓸쓸한 여행길, 통영을 지나다가 두 눈이 번쩍 뜨였다. 운명이었던 걸까? 매장을 하면 좋겠다 싶은 곳을 발견했고, 바로 부동산을 찾아가 주인을 만나서 계약서를 썼다. "썩은 지푸라기라도 잡고 싶은 심정이었어요. 그 길로 집으로 돌아가서 짐을 싸가지고 통영으로 내려왔죠. 정말 감사하게도 주위에서 많이 도와주셔서 사업이 빨리 궤도에 올랐어요." 구대표는 2천 평 규모의 매장에서 '가구를 만드는 사람들'을 경영하며, 통영이 나눠준 감사함에 보답하는 삶을 살아가고 있다. "이제는 통영에서 신뢰를 좀 쌓은 것 같아요." 수익금의 1%를 기부하는 '사랑의 가구 1% _나눔' 프로그램을 6년 넘게 이어오고 있고, 독거노인 연탄배달, 어르신들 집 리모델링, 섬의 불우학생들을 위한 책상 제작과 배송 등 여러 사회기관들과 함께 취약계층을 돕는 다양한 프로그램에 적극 참여한다. 가구 리폼, 목공예 등의 교육 사업도 실시하면서 통영 사람들과 스킨십하며 소통할 수 있는 기회도 꾸준하게 만들고 있다. 힘들 때 힘이 되어준 통영에 보내는 그의 감사와 사랑의 제스츄어다.

가구를 만드는 사람들
📍 통영시 도산면 남해안대로 1461
📞 055-645-4871

박경희의 리틀 포레스트 in 노산

섬유공예가, 희공방 대표로 2021년 대한민국공예품대전 문화재청장상, 2020년 대한민국공예품대전 특선 등을 수상하고 청와대에서 통영누비 전시시연도 진행했던 박경희 작가가 지금 막 고향 통영으로 돌아왔다. 대학원부터 시작된 서울에서의 20여 년. 가로수길, 인사동, 통의동 등 잘 나가는 동네에서 매장을 운영하며 바쁜 서울살이를 계속해 오던 박작가는 코로나가 본격적으로 창궐하기 시작하던 2020년 2월 서울 생활을 정리했다.

통영에 돌아온 뒤 그녀의 삶은 평화로운 일상으로 돌아갔다. 막걸리도 빚고 낚시도 하고 호미질과 괭이질도 한다. 최근에는 밭에 고구마도 처음으로 심었고, 목화씨 발아에도 도전했다. "목화꽃이 필까 걱정도 됐지만 '안 나면 말고!'라는 생각으로 무작정 농협에서 씨와 상토를 사서 심었어요. 얼마 후에 하나 둘 잎이 나더라고요. 나라를 구한 것처럼 기뻤지요. 6월쯤 밭에 옮겨 심으면 겨울에 솜꽃이 올라온 모습을 볼 수 있을지 저도 궁금해요." 종종 섬과 바다에도 나간다. "한 때는 만지도 자리돔 낚시에 빠져서 매주 만지도에 갔어요. 조개나 고동을 캐러 다니기도 하고, 이제는 '물때'라는 것도 알아서 미리 확인하고 물때에 맞춰서 낚시를 다녀요. 정말 많이 발전했죠." 이러한 시도들이 계속되면서 그녀의 삶은 '자급자족 라이프'를 실천하는 삶으로 변화했다. "저는 사람 만나고 차 마시러 다니는 것보다 새우 잡으러 가고 퇴비 주러 가고 꽃피는 모습 보러 다니는 게 더 좋아요. 야밤에 나가서 뜰채로 새우를 잡을 수 있어요. 정말 너무 재미있어요." 새우를 잡는다고? 그것도 뜰채로? 그녀의 손에 잡혀 스마트폰 갤러리에 담긴 것들은 새우, 칠게, 조개, 굴, 자리돔, 고동 등등 셀 수 없이 많다. 이 모든 것이 타고난 손재주와 실행력 그리고 고향 통영이 지닌 천혜의 자연이 있었기에 가능했다.

통영에서의 평화로운 1년, 그녀는 느꼈다. "이제야 머리가 돌아가는 것 같았어요. 내가 할 일이 하나하나 생각이 났지요." 원래는 한옥을 찾아 텃밭을 가꾸면서 소소하게 공방을 운영할 생각이었는데 갑자기 일이 커졌다. "제가 통영누비를 하잖아요. 이왕 하는 일, 통영 전통공예의 우수성을 알리고 통영에 보탬이 될 수 있는 일을 해야겠다는 생각이 들었어요. 통영 장인 선생님들의 작품을 소개하는 일이지요. 통영발 조대용 선생님 공방이 바로 옆이예요. 그래서 첫 전시를 선생님과 함께 하기로 했어요." 그렇게 시작된 새로운 꿈의 현장이 2022년 6월 문을 열었다. 루프톱을 포함한 4개 층의 공간 안에 공방과 함께 노산 갤러리&카페를 운영한다. "장인들이 만든 최고의 명품들을 잘 보이게 하는 자리가 필요하다고 생각했어요. 그동안 통영에 마땅한 공간이 없는 현실이 늘 안타까웠거든요. 공간이 주는 힘이 얼마나 중요한지요." 그런데 왜 노산일까? "이 동네 이름이 노산리예요. 이곳에서 제가 하는 일들이 광도면 노산리라는 지명과 함께 더 알려지면 좋겠어요."

노산은 봄부터 꽃으로 화사하게 물든다. 가장 먼저 벚꽃이 만개하고 뒤이어 꽃창포가 피고, 6월에는 색색깔 수국이 광도천 주변에 흐드러지게 피어난다. 수국이 지고 나면 헛헛했던 마음을 이제부터는 그녀가 심은 목화꽃들이 채워줄 것 같다. 박작가의 리틀 포레스트 라이프가 점점 더 기대된다.

카페 노산 & 희공방
통영시 광도면 노산길 85-12
055-645-1645

달아마을 빵순이 박희진의 빵모닝

저녁노을이 아름답게 물드는 시간, 통영 여행자들이 가장 먼저 달려가는 동네가 달아마을이다. 찬란히 빛나던 붉은 태양을 마음에서 재우고 나면 새로운 아침을 여는 구수한 빵 굽는 냄새가 솔솔 피어나는 집이 있다. 달아항 뒤편 마을길을 따라 가는 길, 대나무 숲이 병풍을 두른 뜻밖의 풍경이 또 다른 설렘을 부르는 곳. 펜션과 베이커리 카페를 운영하는 통영767이다.

"저에게 개인적으로 큰 아픔이 찾아왔을 때, 무작정 서울을 떠나왔어요. 아무도 저를 알아보지 못할 것 같은 곳, 조용히 숨어들 수 있는 마을을 찾아온 곳이 이곳, 달아마을이예요. 옆에서 저를 지켜보던 가족들도 함께 왔어요. 부모님, 동생 부부까지 대가족의 통영 생활이 그때부터 시작됐어요." 통영767 박희진 대표는 서울에 있을때 제과점에서 일을 했다. 원래 조리 전공이었지만, 정확한 계량이 필요한 베이킹이 그녀의 적성에 맞았다. 2015년부터 경험과 취향을 살려 빵을 굽기 시작했다. "처음에는 '하루 10만원 어치만 팔면 좋겠다'라는 마음이었어요. 조용한 동네여서 큰 기대를 하지 않았죠. 초창기에는 단팥빵, 소보루빵 같은 익숙한 빵을 팔았는데, 반응이 그저그랬어요." 그러다가 어느날부터 캄파뉴, 치아바타와 같이 달지 않은 식사용 빵을 굽기 시작했다. 그런데 갑자기 사람들이 줄을 서기 시작했다. "그때 제대로 느꼈죠. 통영 분들이 정말 미식가들이라는 것을요. 맛있는 음식은 결국 다 통해요. 누구나 맛있는 빵은 기가 막히게 알지요. 제가 통영에 대해 큰 오해를 가졌던 것 같아요." 박대표는 통영 미식가들을 믿고 그때부터 본격적으로 자신만의 스타일로 빵을 굽기 시작했다.

"내가 먹고 싶은 맛있는 빵이면 통하겠다는 자신감이 생겼어요. 통영의 식재료들을 이용해서 즐거운 창작생활을 하기 시작했어요. 빵에 문어도 넣어보고, 봄엔 쪽파, 쑥 등 제철재료들을 마음껏 사용해서 매일 다른 실험을 하고 있어요. 8년째 발효종도 기르고 있고요."

먹물연유바게트, 베이글, 포카치아, 문어감자빵 등이 요즘 제일 잘나가는 빵들이다. 먹고 싶은 재료를 넣었는데 반응까지 좋으니 이보다 더 신나는 일이 있을까. 통영767은 펜션을 함께 운영한다. 애견 동반 펜션으로 객실에는 애견 식기와 하우스, 전용 수건 등 강아지를 위한 편의시설이 골고루 갖춰져 있다. 모던한 두 동의 건물에 8개의 객실이 마련되어 있다. 베이커리 카페도 운영하면서 이걸 다 어떻게 관리할까 궁금해진다. "아빠가 많이 도와주세요. 미술을 전공하셔서, 이 건물도 아버지가 직접 설계하셨어요. 요즘은 펜션 주위로 대나무 숲길을 조성하고 계시죠."

건물 사이, 주차장 너머 곳곳에 대나무가 주는 편안함이 발길을 이끈다. 아침 11시 늦은 조식을 기다리는 시간, 구수한 빵 냄새 맡으며 대나무 숲속을 걷는 느긋함이 반갑다. 박대표는 달아마을에서 그렇게 매일 아침 인사를 전한다.

박대표는 통영에서 취미 부자가 됐다. 배우고 싶은 것, 하고 싶은 것을 다 하며 쾌활해졌다. 최근에는 훌라댄스 홀릭 중. 그 밖에도 밴드 활동과 자작곡 모임도 나간다. 노을 맛집에 빵 맛집을 더한 그녀에게 통영은 어느새 인생 맛집이 되어 가고 있다.

통영 767
📍 통영시 산양읍 달아길 38 2층
📞 010-4473-1752

통영에 해산물만 있는 것은 아니다. 통영 사람들의 높은 미각 수준에 맞춘 프리미엄 한우레스토랑 비원은 맛과 분위기, 서비스까지 삼박자를 갖춰 여행객들도 만족하는 곳이다.

DIRECTORY
[여행의 작은 사전]

통영 여행자들에게 추천하고 싶은
MOVE가 고르고 고른 추천 스팟 86곳.

15 ACCOMMODATION

27 CAFES & BAKERY

38 RESTAURANTS

6 BAR & PUB

주소 　 전화번호 　 영업시간 　 가격 　 인스타그램 　 홈페이지

DIRECTORY

ACCOMMODATION

Resort & Hotel

대형 호텔과 리조트는 많지 않습니다만 각각의 개성이 뚜렷합니다. 취향에 따라 선택하세요.

01 금호통영마리나리조트 가족 여행객들에게 최고!

가족 방문객들이 오랫동안 선호해 왔던 금호통영마리나리조트는 침실 2개부터 4개까지, 다양한 평형대의 객실이 있는, 가성비 좋은 리조트다. 요트 전용 마리나가 있어 숙박과 요트를 함께 즐길 수도 있고 해안 산책로도 잘 정비되어 있다. 22년 리모델링을 마친 객실은 취사가 가능하도록 조리기구가 완비되어 있다. 대부분 바다전망이지만, 탁 트인 확실한 다도해 전망을 원한다면 추가요금이 있다. 주차장이 좁은게 흠이라면 흠. 패밀리디럭스(4~6인), 패밀리프리미어, 스위트디럭스(5~8인), 스위트프리미어(5~8일), 로얄스위트디럭스 (10인), 로얄스위트프리미어(10인)의 6개 룸타입이 있다.

📍 통영시 큰발개1길 33 ☎ 055-643-8000 ₩ 120,000~
🏠 www.kumhoresort.co.kr/condo

02 브릿지호텔 통영 여행의 시작과 끝

통영과 거제 사이, 신거제대교 부근에 있는 가성비가 뛰어난 오션뷰 호텔이다. 두 도시를 넘나들며 여행하는 이들에게 좋은 위치. 수직으로 펼쳐지는 눈높이 오션뷰가 일품이며 역사적인 '견내량'을 마주하는 감회가 남다르다. 특히 동틀때의 아침 바다가 일품이다. 2019년 신축이며 침구 및 호텔 전체가 깔끔하고 깨끗하다. 욕조가 있는 욕실에 넓고 다양한 객실 타입(스탠다드부터 스위트룸까지)까지, 여러모로 장점이 많다. 무료로 간단한 조식이 제공된다.

📍 통영시 갈목길 30 ☎ 010-2442-0758 ₩ 스탠다드룸 50,000~ 로얄오션뷰 70,000~ , 오션뷰한실야경 100,000 (최대 4인) 🏠 tychezlee.co.kr

03 스탠포드호텔앤리조트 완벽한 휴양을 즐길 수 있는 5성급 밸류호텔

통영국제음악당과 나란히 자리한 스탠포드호텔앤리조트는 호텔, 콘도, 빌라가 함께 있는 복합 휴양리조트다. 3층부터 18층까지는 수려한 바다 전망이 있는 객실, 이곳에서 눈뜨자마자 일출을 감상할 수 있다는 것이 백미다. 온돌을 선호하는 이들은 콘도형 객실을, 독립된 공간에서 편안하고 프라이빗한 휴식을 원한다면 그랜드빌라를 예약한다. 그랜드빌라는 침실과 분리된 거실, 주방, 욕실, 화장실, 발코니가 있는 복층 구조의 집이다. 호텔의 19층 루프탑에 있는 인피니티풀은 2022년 7월부터 유료로 운영된다. 아침 일찍 즐기는 해수사우나도 놓치지말자.

📍 통영시 도남로 347 ☎ 055-725-0000 ₩ 150,000~
🏠 stanfordtongyeong.com 📷 @stanfordhotel_tongyeong

04 클럽이에스통영리조트 풍광이 예술, 전 객실 오션뷰

미륵도 산양읍에 있는 클럽이에스리조트는 하늘과 맞닿은 인피니티풀과 탁 트인 바다 전망으로 유명하다. 최대 4인까지 머물 수 있는 객실인 '패밀리'와 6인까지 머물 수 있는 '로얄'은 온돌방도 있어 어르신들이 선호한다. 북적임을 벗어나 오직 휴식을 원하는 고객들에게 어울리는 곳, 객실은 다소 오래되었지만 클래식한 맛이 있고 조용하고 평화롭다. 아름다운 정원과 다도해 전망이 모든 것을 보상해 주는 곳이다. 강아지 동반도 가능하다.

📍 통영시 산양읍 척포길 628-113 ☎ 055-644-4600 ₩ 120,000~
🏠 www.clubes.co.kr

05 통영거북선호텔 통영의 문을 여는 가장 통영다운 호텔

통영 예술가들의 작품을 만날 수 있게 호텔 곳곳을 갤러리로 꾸몄다. 로비에 걸린 하정선 작가의 대형 옻칠화, 객실 문에 부착된 나전장 김종량의 번호판, 객실 내부의 통영누비쿠션과 티슈케이스, 동백이 함유된 어메니티 등 세밀한 부분까지 눈여겨 볼 것. 진짜 감동은 주차장에 들어서면서부터다. 통영의 고지도들을 모아 갤러리처럼 꾸민 주차장은 대한민국에서 가장 아름다운 주차장임에 분명하다. 일반 객실 외에도 복층 구성의 딜럭스패밀리, 스위트 그리고 6명, 12명까지 가능한 파티룸이 있어 가족 여행객들에게 추천하고 싶다.

📍 통영시 미수해안로 72 ☎ 055-646-0710 ₩ 스탠다드룸 90,000~ 스위트 150,000 스위트거북선 180,000 파티룸 250,000 윤슬파티룸 12명 정원 420,000 (비수기 기준) 🏠 www.geobukseonhotel.com

07 통영 동원로얄 컨트리클럽앤리조트 골프와 휴양을 동시에!

골프장 동원로얄CC가 연계되어 있어 골퍼들에겐 최상의 선택이다. 숙소는 골프텔 외에도 유스호스텔과 글램핑장으로 나뉜다. 유스호스텔은 호텔 형식으로 침대방과 거실 등으로 구분되어 있는 넓은 평형이며 본관은 총 66실, 별관동에는 37실이 있다. 글램핑장은 총 14실로 편백나무 가구로 채워 기분 좋은 향기가 나는 실용적이고 컴팩트한 일반 카라반 외에도 코끼리, 코뿔소, 사슴 등 동물 모양으로 만들어진 카라반이 있어 가족 여행자들에게 인기다.

📍 통영시 산양읍 담안길 240 ☎ 055-640-5000 ₩ 79,000~
🏠 www.dongwonresort.co.kr

07 한산마리나 호텔&리조트 일상을 벗어난 이국적인 휴식처

객실 30개를 갖추고 지난 2015년 오픈한 한산마리나 호텔은 바로 앞으로 한려수도가 펼쳐지므로 객실 문을 열고 나가기만 해도 이국적인 요트와 마리나가 바로 보인다. 통영다움을 제대로 표현하는 프리미엄급 호텔로 단층의 초가지붕과 야자수가 어우러진 모습이 이국적인 느낌을 더해주고 있다. 하루 2회 정기운항하는 한산도 요트투어 외에도 원하는대로 코스가 가능한 요트대여 프로그램이 있어서 프라이빗한 요트 여행을 원하는 이들에게는 최고의 숙소다. 야외스파와 수영장, 레스토랑, 야외바비큐장 등의 부대시설 외에도 제트스키, 투명카약, 스노클링 등의 액티비티와 해안가를 따라 조성된 4.4km의 자전거 길이 매력적이다.

📍 통영시 산양읍 삼칭이해안길 820 ☎ 055-648-3332 ₩ 200,000~
🏠 www.hansanmarina.co.kr

Pension

개성있고 트렌디한 여행자들이 좋아하는 숙소들입니다.

07 슈가스테이&코타키나풀빌라 아름다운 기억, 추억의 공간들

아름다운 해안마을, 독특한 건축물과 이색적인 인테리어로 유명했던 쉐이리 펜션이 현대적이고 깔끔하게 대대적인 변신을 했다. 핑크, 민트, 화이트 컬러 배경에 사랑스런 소품들이 어우러진 슈가스테이는 5개의 객실 중 선택할 수 있고, 코타키나풀빌라는 두 동의 건물에 9개의 전망좋은 풀빌라룸이 있다. 야외 수영장도 있다. 아이가 있는 가족 여행이라면 슈가스테이의 스위트룸을 선택하면 된다. 평림해안도로를 따라 아름다운 바다와 동화 같은 정원이 펼쳐진다. '슈가스테이 브런치카페'와 '올리브올러브' 레스토랑도 함께 운영한다.

📍통영시 갈목길 30 ☎010-2442-0758 ₩79,000~ 🏠tychezlee.co.kr

08 옵타티오펜션 지중해풍의 욕지도 최고의 전망 호텔

통영 섬여행 일번지인 욕지도의 아름다운 숙소, 흩날리는 로즈마리향과 꽃향기로 펜션에 들어서는 순간 이국적 휴양지에 온 듯한 기분을 느낄 수 있다. 5개의 원룸형 2인 객실 외에 가족이 쓸 수 있는 복층(20평, 40평, 6인/10인)객실도 있다. 모두가 환상적인 바다 전망이다. 옵타티오의 자랑거리인 조식은 손님에 대한 서비스 개념으로 준비하는데 감동 받았다는 후기가 이어진다. 1만7천평의 부지는 부지런히 꽃과 나무를 심고 가꾸는 사장님의 손길로 매년 더 멋지게 변신하고 있다. 여름엔 아름다운 수국정원이 꽤 볼만하다. 숙박객은 무료입장, 자연의 웅장함에 모든 근심이 잊혀지는 곳, 옵타티오펜션이다.

📍통영시 욕지면 욕지일주로 1054 ☎010-9062-9956 ₩2인실 100,000~, 복층 150,000~ 📷@optatio_pension

09 조각의 집 작품안에서 꿀잠을 청하다

작품이 집이 됐다. 대형 조각품을 감상하다가 홀연히 떠올려볼 수 있는 상상 '저 안에 들어가 보면 어떨까?'가 눈앞의 현실이 된 셈. 통영 출신의 유명한 조각가, 심문섭 작가는 '오래 머물 수 있는 미술관'이라는 개념에서 출발해 숙박이 가능한 '조각작품'을 조각가 10명에게 의뢰했다. 작가들은 바다 앞에 각각 조형물을 설치했고, 이들을 숙소로 개방했다. 자연과 조각과 인간의 호흡을 최대한 살린 11개의 작품을 만날 수 있다. 2020년 오픈.

📍통영시 용남면 용남해안로 186 ☎055-645-1255 ₩140,000~ 🏠조각의집.kr

10 타셋펜션 글이 절로 써지는 평화로운 스테이

한산대첩이 시작된 견내량 해협 초입, 연기마을에 자리한 리조트형 펜션이다. 타셋(TACET)은 '천천히 충분히 쉬어라'라는 뜻으로 이 곡이 초연될 때 존케이지는 피아노 앞에서 4분33초 동안 침묵을 지키며 가만히 앉아 있다가 일어섰다. '음악이 아닌 자연의 소리와 옆 사람의 숨소리를 들으며 휴식을 취하라'는 뜻이었다. 타셋펜션은 이런 바람을 담아 '오직 충분한 휴식'을 목표로 객실을 디자인했다. 고급사양의 침대와 침구, 누웠을 때 바다가 보이는 창의 위치와 디자인 등, 묵어본 이들만이 느낄 수 있는 디테일이 잘 살아있다. 부대시설로 음악감상실 '4분 33초'도 함께 운영 중이다.

📍 통영시 용남면 연기안길 119 ☎ 055-641-3004 ₩ 110,000~
🏠 www.tacet.co.kr

11 통영767 스테이 애견동반 가능한 조식맛집

미륵도 끝자락 노을이 아름다운 달아항에 있는 통영767 펜션은 조용한 분위기의 부티크 펜션이다. 대나무가 우거진 숲이 있어 가벼운 산책을 할 수 있고 연대도, 만지도 섬 여행가기 좋은 위치다. 모던하고 깔끔한 펜션은 깔끔하게 관리된다. 빵을 사랑하는 주인장이 운영하는 펜션답게 베이커리 카페가 함께 있다. 숙박객에게는 맛있는 빵 조식이 제공된다. 반려견 동반이 가능한 것도 장점이다.

📍 통영시 산양읍 달아1길 38 2층 ☎ 010-4473-1752 ₩ 80,000~
📷 @tongyeong767.stay 🏠 ty767.modoo.at

12 통영구가네펜션 통영 세컨하우스, 편안한 숙소

신도시 죽림에서 가까운 광도면 해안가에 있는 통나무 펜션으로 2012년 오픈했다. 복층으로 구성된 통나무 집은 일층과 이층을 따로 또 같이 예약할 수 있고 모든 방이 바다 전망에, 넓은 테라스가 특징이다. 8~15명까지 바비큐를 할 수 있어 소그룹이나 대가족 여행에도 추천한다. 10년째 운영하다보니 단골이 많이 생겨 주말 예약이 쉽지 않다. 나무가 건네는 아늑함과 소소한 감성들이 덧붙여진 객실은 구석구석 깨끗하게 잘 관리되고 있으며 침구도 매일 세탁하여 뽀송뽀송 기분이 좋다. 화려하진 않지만 편안한 숙소다.

📍 통영시 광도면 덕포로 237 ☎ 010-5234-4871 ₩ 90,000~
📷 @gugane_pension 🏠 구가네펜션.com

Unique Stay

통영에만 있는 유일무이한 곳들입니다.

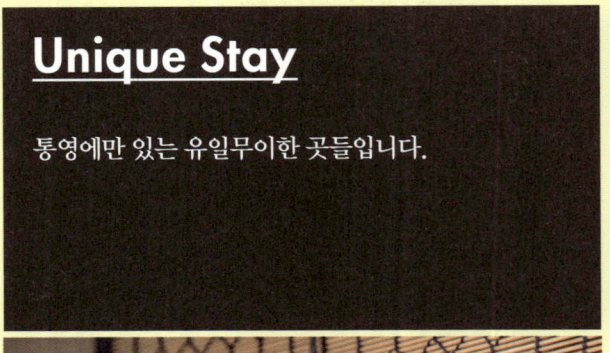

13 미륵미륵 맥주호스텔 감각적인 명상 테마의 숙소

펍과 숙소가 함께 있는 '미륵미륵'은 명상을 테마로 하는 독특한 곳이다. 광고계에 몸담았던 주인이 옛 사람들이 미래의 부처인 미륵을 기다리며 위안을 받았듯, 통영을 찾은 여행객들에게 희망이 되길 바라는 마음으로 열었다. 감각적인 인테리어 디자인과 실속있는 프로그램, 차, 그리고 청결하고 깔끔하게 정리된 숙소와 분위기는 결이 맞는 여행자에게는 호텔보다 즐거울 듯. 곳곳에 위트있는 안내문과 명상, 잊음의 방, 힐링 프로그램 및 요가실과 노래방도 있다. 일층의 펍은 거제바이젠, 미륵사우어, 통영IPA 등의 수제맥주와 함께 다국적인 음식을 즐길 수 있는 맛집이다.

📍 통영시 해송정4길 37 ☎ 0507-1305-1047 ₩ 35,000(1인실)~
🏠 www.mireukmireuk.com

14 잊음 스토리가 있는 서피랑 한옥스테이

한옥스테이 '잊음'은 서피랑 골목 안에서 약 110년에 이르는 세월을 간직한 채 통영의 문화예술 세계를 이어가는 유서깊은 집이다. 박경리의 『김약국의 딸들』 소설 속에 등장하는 '하동집'의 실제 배경이기도 하고, 유치환, 김춘수, 윤이상, 전혁림 등 통영을 대표하는 예술가들이 드나들기도 했다. 과거의 스토리를 뒤로 하고 이제는 독서와 사색 그리고 비움을 통한 진정한 휴식을 지향하는 한옥스테이로 운영된다. 3개의 방 그리고 앞마당, 뒷마당에서 고요하고 고풍스러운 시간을 오직 한 팀만 누릴 수 있다.

📍 통영시 충렬4길 33-5 ☎ 055-643-0586 ₩ 200,000(최대 4인)
📷 @6geun 🏠 blog.naver.com/ismstay

15 통영편백숲길관광농원 글램핑할까 캠핑할까?

저녁이면 트리하우스에 올라 해안 마을이 석양으로 붉게 물드는 장면을 감상하고, 싱그러운 아침 새소리에 기분 좋게 눈을 뜰 수 있는 곳. 한적한 어촌마을을 배경으로 6500평의 땅에 편백나무 숲과 캠핑사이트 34개, 글램핑 5동, 트리하우스 등이 조성되어 있다. 6월부터 9월 말까지는 수영장도 운영하며, 조랑말, 토끼 가족도 기른다. 가족, 커플, 친구끼리 누구에게나 추천하고 싶은 자연 속 힐링스팟. 도심에서 가까워 짜장면이 배달될 정도다. 쾌활한 안주인의 정이 담뿍 담긴 친절에 따뜻함이 느껴지는 곳.

📍 통영시 천대국치길 297-10 ☎ 010-3044-0599
₩ 45,000(캠핑), 110,000(글램핑)~ 🏠 www.tycamping.com

CAFES & BAKERY

Culture & Coffee

전시, 강의, 콘서트가 있는 카페들! 커피만 파는 것은 아닙니다. 문화를 팝니다.

01 내성적싸롱 호심 호기심을 채워 줄 공간

골목 끝 작은 정원이 있는 봉수골의 노란색 이층집은 몇 해 전 통영에 정착한 일러스트레이터 밥장이 주택을 리모델링해 카페로 꾸민 곳이다. 이곳에서 본인의 작품뿐만 아니라 다른 작가들의 작품도 전시하고 통영의 문화행사나 이벤트, 여행정보도 공유한다. 밥장의 전국적인 네트워크를 활용한 명사 초청 강의, 인문학 모임, 클래스, 이벤트들도 종종 열리는 흥미로운 문화공간이다. 직접 구운 호심쿠키와 초콜라쇼는 주인장 추천메뉴다.

📍 통영시 봉수1길 6-15 ☎ 055-649-3800 🕐 12:00~19:00 화 휴무
메뉴 초콜라쇼 6,000 호심쿠키 3,500 아메리카노 4,000 📷 @salon.hosim

02 다심제 찐 현지인 추천 찻집

통영에서 차를 좀 마시는 사람이라면 '다심제'를 모르면 간첩이다. '다심제'는 보이차 전문점으로 차에 진심인 사장님의 전문적인 설명을 들으며 다양한 차를 마실 수 있다. 혼자 가더라도 사장님과 함께 차를 마시며 잔잔한 대화를 할 수 있는 편안한 분위기이니 마음 놓고 가도 좋다. 도자기를 좋아한다면 다구들을 구경하는 재미도 있다. 보이차를 합리적인 가격에 속지 않고 구매할 수 있다. 방문 전 꼭 전화하고 갈 것.

📍 통영시 무전1길 64-9 ☎ 055-647-0282 **메뉴** 보이차 7,000 대추차, 오미자차, 산야초차 6,000

03 라온하제 갤러리카페 아침을 여는 편안함과 여유

서피랑에 있는 '라온하제'는 빵 굽는 냄새와 은은한 커피 향기로 가장 먼저 아침을 연다. 카페 한 켠에는 민화 작가들의 수업/작업 공간이 있다. 곳곳에 민화 작품들이 상설로 전시되어 있는 이유. 커피 외에도 직접 담근 수제청으로 만든 에이드, 수제 한방차가 다 맛있다. 화과자와 양갱, 다식 등의 홈메이드 한식 디저트와 쿠키, 무화과파운드케이크 같은 계절 케이크를 만든다. 서피랑에 드나드는 이들에게 편안한 공간이 되었으면 한다는 주인의 바람처럼 공간이 편하고 따뜻하다. 커피 리필도 무료, 누구나 단골이 되고 싶은 카페다.

📍 통영시 충렬로 20 ☎ 010-4857-4454 🕐 08:00~18:00, 격주 일요일 휴무
메뉴 아메리카노 2,500(Hot), 화과자 3,000, 카페라테 4,000, 한방차 5,000, 수제청에이드 5,000

04 삼문당커피로스터 문화가 있는 로스터리 카페

통제영 근처의 로컬 카페 '삼문당'은 윤덕현 대표가 50년 된 아버지의 표구 공방을 리모델링하여 스페셜티 커피와 문화로 지역과 소통한다. 강구안에서 '커피 로스터리 수다'를 운영하다 2019년 이 자리로 옮겨왔고, 1층은 로스팅실, 2층은 카페, 3층은 루프탑이다. 표구사의 이미지를 반영한 간판 디자인도, 실내도 멋스럽고 감각적이다. 핸드드립으로 제공되는 오늘의 커피, 진짜 쵸콜릿을 갈아서 얹어주는 모카커피도, 에스프레소도 훌륭하다. 지역문화축제인 티페스타를 기획, 운영하고 있고, 공연이나 전시가 종종 펼쳐지기도 한다.

📍 통영시 중앙로 168 2층 ☎ 055-645-9092 🕐 11:00~21:00 월 휴무
메뉴 아메리카노 3,500 라떼 4,500 모카커피 6,000
📷 @sammoondang_coffee_company

05 이타라운지 음악과 커피

'국내 최초 사이폰 전문 로스터리' 이타라운지는 밀라노 국립대학원 오페라학과를 졸업한 성악가 김영광 대표가 고향으로 돌아와 마련한 공간이다. 소리와 빛이 공명하는 오페라하우스 콘셉트의 연주공간에는 하얀 그랜드 피아노가 놓여져 있어 인기 포토스팟이 되었다. 부드럽고 향미가 풍부한 커피를 즐기며 절제된 공간에서 마음을 정돈해 보자. 윗층의 '이타미니호텔'도 함께 운영한다.

📍 통영시 서문1길 3 ☎ 010-5752-5252 🕐 11:00~18:00, ⸺ 휴무
메뉴 스페셜티 사이폰 커피 7,000~7,500, 비앙까 밀크 7,000 샌드위치&음료 한잔 10,000 📷 @ita_official__

06 장수거북이 세련된 통영 기념품이 있는 편집숍/카페

예술을 사랑하는 서피랑 토박이 장윤근 대표가 운영하는 '장수거북이'는 알음알음 소개로 찾아가는 곳이다. 진열된 제품들은 장대표가 직접 아티스트들과 협업하여 개발한 뒤, 직접 사용해 보고 좋은 것들로만 채워졌다. 제품 하나하나에 깃든 스토리가 풍부하다. 세련된 통영누비 코스터와 슬리퍼, 욕지도 바다 사진포스터, 미륵산 흙을 유약에 섞어 제작한 머그컵 등 탐나는 제품들이 많다. 하동녹차를 마시며 공간에 한동안 머물다 가도 좋을 듯. 방문 전 전화를 해보는 것이 좋다.

📍 통영 도남로 96-6 1층 ☎ 010-6355-4432 🕐 11:00~18:00 일, 월 휴무
메뉴 미숫가루라떼 5,000~ 에이드 5,000, 하동녹차세작 6,000
📷 @jangsoo_turtle

With a View

탁월한 전망이 있는 곳.
그러나 전망이 다는 아니랍니다.

07 네르하21 모든 곳이 포토존, 인생샷 명소

도산면 도선리에서 광도면 용호리를 잇는 30여km의 '도산일주도로'는 '통영의 발코니'로 이름 난 드라이브코스다. 도로를 신나게 달리다가 만날 수 있는 전망카페 '네르하21'은 스페인의 '네르하'처럼 이국적인 분위기의 카페다. 야자수가 휴양지 필을 더하고 탁 트인 오션뷰가 시원한 곳. 야외 테라스 좌석과 바다를 한눈에 담을 수 있는 루프탑까지! 모든 곳이 포토존이다. 노을 질 무렵이면 더 아름답다. 당일 구운 빵과 케익도 즐길 수 있다.

📍 통영시 도산면 도산일주로 954 ☎ 010-9393-0177 🕐 10:00~22:00
메뉴 아메리카노 6,000 라떼 7,000 📷 @cafe_nerja21_official

08 루미노소 강구안이 내려다 보이는 통영의 산토리니

동피랑에서 가장 높고 아름다운 곳에 카페 '루미노소'가 있다. 2층의 루프탑에 오르면 강구안이 한눈에 내려다보이는 절경에 탄성이 절로 나올 것이다. 라벤더 향이 특별한 '라벤더 라떼'는 유니크하다. 만드는데 무려 3일 꼬박 걸리고, 재료만 20가지가 넘게 들어가는 유자 모양의 유자무스는 꼭 먹어봐야 할 이 집의 시그니처다. 바스크 쵸코 케이크도 맛있다.

09 바다봄 강구안 뷰 보면서 행복 충전

강구안 오션뷰를 자랑하는 카페 '바다봄'의 건축은 아주 재미있다. 좁고 긴 땅콩 건물로 2층부터 4층까지 층마다 바다를 마주하는 의자들이 일렬로 놓여있다. 1층 카운터에서 주문을 받고 계단을 올라 마음에 드는 층에 자리를 잡는다. 바다 자체가 하나의 작품이고 자연이 만들어낸 예술이지만, 카페의 공간과 구석구석에도 작은 전시가 열리고 있다. 로스터리 카페라 커피 맛도 정평이 나있다.

📍 통영시 동피랑2길 32 ☎ 0507-1336-0221 🕐 매일 11:00~18:00 화 수 휴무
메뉴 아메리카노 3,500 유자무스 7,000 라벤더라떼 5,000
📷 @luminoso_tongyeong

📍 통영시 동충4길 57-4 1 ☎ 055-648-0710 🕐 10:00~22:00 메뉴 아메리카노 3,500 돌체라떼 5,000 앙버터 다쿠아즈 3,500 📷 @cafe_badabom

IO 배양장 힙 로컬 바이브가 있는 오션뷰 카페

미륵도 산양읍의 조용한 바닷가 어촌 마을에 오랫동안 멍게를 배양하던 공간이 카페로 변신했다. 미니멀한 인테리어는 시크하고 세련된 느낌이며, 공간 전체에 퍼지는 인센스 향이 기분을 밝혀 준다. 큰 창을 통해 보이는 액자 풍경의 바다는 먼 곳까지 찾아온 노력을 보상해 준다. 밖으로 나오면 바다 바로 앞에 하얀 파라솔과 테이블이 놓여있고, 건물 옥상에도 좌석이 있다. 독보적인 콘셉트를 가진 멍게배양장에서 많은 영감을 받을 것이다. 풍화일주도로를 따라 가는 길도 유명한 드라이빙 로드다.

📍 통영시 산양읍 함박길 51 📞 0507-1323-6330 🕐 11:00~19:00 화 휴무
메뉴 아메리카노/ 에스프레소 5,500 아인슈페너 6,500 라떼 5,000
📷 @baeyangjang

II 통영촌집 화소반 시골집 창으로 보이는 바다 풍경

오래된 시골집이 레트로 감성의 예쁜 카페로 변신한 '화소반'이 거제와 남해에 이어 통영에도 왔다. 통영촌집 화소반은 '마당 넓은 집'이란 부제가 달렸는데 슬레이트 지붕을 얹은 100년 가까운 구옥이 '힙플레이스'로 변신한 것이다. 흑임자 크림커피인 '라떼 촌집', 크림커피 '라떼 통영', 바닷빛 크림소다 '소다 통영' 등 메뉴 이름도 기발하고 재미있다. 참기름병에 담아 나오는 로얄밀크티도 인기. 7가지 디저트 모음인 소쿠리 디저트와 소쿠리 브런치도 여행객들의 감성을 뒤흔든다.

📍 통영시 산양읍 풍화일주로 649-17 📞 010-4745-5709 🕐 11:00~18:00
메뉴 아메리카노 5,000 쌍화차 6,000 소쿠리 디저트 8,000 소쿠리 브런치 10,500
📷 @cafe_hwasoban

Bakery Cafe

요즘은 베이커리 카페가 대세입니다.
음료만 마신다면 후회할 디저트 맛집

12 통영767카페 빵 덕후들 다 모여!

달아마을에 있는 유명한 베이커리 카페다. 빵 굽는 것을 천직으로 생각하는 주인이 매일 아침 바지런하게 구워내는 빵들은 나오기가 무섭게 솔드아웃이 되곤 한다. 유기농 밀가루와 수제요거트, 발효버터, 100% 우유버터 등 좋은 재료만 사용하고 제철 다양한 통영의 식재료들을 사용한 창작을 즐긴다. 정성 담긴 수제청이 카운터 한켠에서 눈길을 잡아끄는데, 계절 재료로 만든 신선한 에이드 또는 허브티와 함께 즐기면 최고의 맛이다. 애견 동반 가능하다.

📍 통영시 산양읍 달아길 38 ☎ 0507-1361-0767 🕐 11:00~18:00 화 휴무
메뉴 아메리카노 5,500 레몬티 7,500, 흑임자 찹쌀 파배기 6,500 카라멜시오팡 5,300 무화과스콘 4,000 @tongyeong767

13 카페 녘 360도 회전하는 베이커리카페

거제와 통영을 잇는 신거제대교 앞에 서 있는 7층 높이의 통영타워가 리모델링을 통해 베이커리 카페 녘으로 새로 태어났다. 1층에서 주문을 하고 2층, 7층과 루프탑 중 원하는 곳에 자리한다. 인더스트리얼한 실내 공간은 하나의 거대한 전시장을 방불케 할 만큼 개성 넘치는 작품으로 가득 차 있다. 7층 전망대 자리는 천천히 한 시간에 한 번 회전한다. 통영과 거제를 아우르는 바다 풍경을 온전히 감상할 수 있다. 예쁜 모양의 녘 슈페너가 시그니처다.

📍 통영시 용남면 남해안대로 21 ☎ 0507-1391-0122 🕐 10:00~22:00
메뉴 아메리카노 5,500 카페라테 6,000 타워슈페너 7,000 @nyeok6777

14 무무 로컬푸드 카페 욕지도 로컬 감성

욕지 선착장 근처에 있는 욕지도 유일한 베이커리 카페다. 욕지도의 명물 고구마를 이용한 빵과 쿠키, 머핀 등을 판매한다. 로컬의 향기가 나는 곳으로 욕지도에서 농장을 운영하는 농부가 주인장이라 봄이면 땅두릅 같은 농산물도 매대에 놓여있다. 커피와 에이드, 과일 쥬스 등의 음료를 마시며 고구마 모양의 쿠키를 먹어줘야 욕지도 여행 완성!

📍 통영시 욕지면 서촌아랫길 110-5 ☎ 055-641-3363 🕐 09:30~18:00 일 휴무
메뉴 아메리카노 3,000 고구마스콘 3,000 고구마파운드케이크 7,000 고구마식빵 4,000 @yokji_moomoo_bakery_cafe

Unique Concept

어디에도 없습니다.
통영에만 있는 개성 넘치는 카페들!

구 나전칠기 기술원 양성소 건물

I5 마당 빈티지 감성이 가득한 앤틱 카페

세병관 바로 앞에 있는 '마당'은 대표가 태어나고 19살 때까지 살았던 120년 된 집을 개조한 카페다. 2016년 오픈해 바지런하게 한땀 한땀 공간을 가꾸어 온 사장님의 감각이 대단하다. 또한 어머니가 물려주신 유러피안 앤틱 소품들이 구석구석 볼거리를 제공하며 공간을 빛내주고 있다. 수제 팥을 쓰는 팥빙수, 고급 생크림이 듬뿍 들어간 아인슈페너, 그리고 단호박치즈케이크 등이 인기 만점이다. 샌드위치, 명란크림파스타 등의 간단한 요리들도 있다.

📍통영시 세병로 17-11 ☎0507-1322-4503 🕙10:30~22:00 수 휴무
메뉴 아메리카노 5,000, 단호박더블치즈케이크 6,500, 에스프레소 4,500
📷 @madang2016

I6 안트워프커피&게스트하우스 상국씨와 케이코의 파라다이스

풍화리 작은 어촌 마을에 '인간극장'에 출연했었던 '상국씨'와 '케이코' 부부가 운영하는 카페가 있다. 카페를 준비하며 떠났던 유럽 여행에서 구입한 앤틱 가구들을 선적했던 곳이 벨기에의 수도 안트워프였다고. 그래서 카페는 안트워프커피, 숙박은 안트워프게스트하우스로 네이밍을 했다. 상국씨의 세심한 핸드 로스팅으로 완성된 커피 맛에 중독된 단골들이 많다. 케이코의 수제 티라미수도 추천한다. 스마트스토어 '상국씨네커피숍'을 운영한다.

📍통영시 산양읍 풍화일주로 1188 ☎010-9084-5275 🕙12:00~18:00
메뉴 아메리카노 5,000 산딸기봉봉 7,000 티라미수 5,000
🏠 blog.naver.com/cafeantwerp

I7 울라봉카페앤펍 내돈내산, 돈 내고 욕 먹는 카페

'쌍욕라떼'라는 대한민국 유일무이한 콘셉트의 음료로 유명해진 카페다. 주문시 간단한 설문지를 작성하고 간단한 인터뷰를 하면 음료 위에 사랑스런 '하트' 대신 맞춤형 욕이 쓰여진 라떼를 받게 된다. 짧은 시간 내 각기 다른 욕을 창조해 내는 것은 광고 카피 쓰는 것 만큼 어려울 터. 통영 첫 여행이라면 재미있는 추억이 된다. 1층은 카페, 2,3,4층은 숙소다. 주인장 얼굴이 그려진 쿠키 외 울라봉 위트를 장착한 굿즈들도 재미있다.

📍통영시 동문로 51 ☎010-8553-2317 🕙11:00~20:00 수 휴구
메뉴 아메리카노 4,500 비엔나커피 7,000 치즈케이크 6,500

18 일랑더치 다양한 맛의 더치커피 전문점

통영 유일의 더치커피 전문점으로 죽림 본점과 무전동에 매장을 운영한다. 본점에서는 케이크와 구움과자를, 무전동에서는 브런치와 디저트가 가능하다. 바다를 바라보는 죽림 본점은 넓고, 미니멀하고, 쾌적하다. 주문할 때 커피콩을 고르면 화장품 앰플처럼 생긴 병에 담긴 더치커피와 물 또는 우유가 서브된다. 직접 뚜껑을 따 더치커피액을 물에 부어 마시는데 과정이 꽤 재미있다. 쿠키와 신선한 생크림 케이크가 쇼케이스에 줄 맞춰 진열되어 있는 모습이 먹음직스럽게 보인다. 더치커피는 선물용이나 가정용으로 10개들이, 20개들이 패키지가 있다.

📍 통영시 광도면 죽림해안로 130 ☎ 0507-1391-6479 🕘 09:00~22:00
메뉴 아메리카노 4,000 라떼 4,500 더치드링크 연유라떼 5,000 📷 @yland_dutch

19 포지티브즈 통영 정원 속 나만의 비밀 카페

춘천에 이어 통영 동피랑에도 포지티브즈가 생겼다. 골목 깊숙이 위치해 동피랑인데도 조용하고 한적한 느낌이다. 정원 테이블에서 따스한 햇살을 맞으며 잠시 나른함을 즐기고 싶어진다. 라떼는 묵직하고 고소하고 아메리카노는 산미가 있는 편, 바질 페스토와 신선한 채소로 만든 햄치즈 샌드위치, 직접 구운 쿠키와 케이크도 맛있다. 감고커피는 카라멜라이즈 코팅이 되어있어 달달함과 쓴맛으로 여행의 피로를 풀어준다.

📍 통영시 중앙시장4길 6-33 ☎ 055-642-3757 🕘 11:00~19:00, 목 휴무
메뉴 청포도타르트 6,000 감고커피 6,500 📷 @positives_tongyeong

20 호세 말이 있는 카페

말 카페, 말 먹이주기 체험 등의 특별한 키워드를 가진 카페다. 말 농장 분위기를 상상하고 갔다면 세련된 화이트 톤의 오션뷰 전망에 살짝 놀랄 수 있다. 건물 밖에 있는 말에게 먹이를 주고 싶으면 카운터에서 당근을 구입한다. 안 밖으로 볼거리가 풍부하다. 멋진 말 조각상 외에도 안장 등 승마 관련 소품들이 전시되어 있다. 흑임자 베이스에 커피가 들어간 고소한 '호세라떼'를 마셔볼 것. 카페 전체가 통유리라 어느 쪽에 앉아도 탄성이 절로 나오는 전망을 감상 할 수 있다. 2층은 노키즈존이고 애견카페다. '마리조아펜션'과 함께 운영한다.

📍 통영시 용남면 기호바깥길 7-35 ☎ 0507-1371-7062 🕘 10:30~20:00 목 휴무
메뉴 아메리카노 4,800 호세라떼 6,800 조각케이크 6,800~ 📷 @hosecafe_official

21 까사베르데 꽃과 나무가 있는 식물 카페

현지인들이 선호하는 주거지 동네인 무전동에 있어 관광객보다는 현지인들이 애정하는 곳이다. 스페인어로 '초록집'이란 뜻의 상호처럼 초록색 지붕 아래 꽃과 나무와 차가 있다. 언제나 초록 식물들과 싱그러운 꽃에 둘러싸여 기분이 좋아지는 곳이다. 플라워클래스도 운영한다. 제누아즈부터 크림까지 직접 만드는 수제 케이크는 아메리카노 2잔과 세트로 판매한다. (생크림, 쵸코가나슈, 바스크치즈 중 하나와 아메리카노 2잔)

📍 통영시 무전7길 48 ☎ 055-649-4561 🕘 09:00~21:00 일 휴무
메뉴 아메리카노 3,800 카페라테 4,200 차 7,000 📷 @casaverde_flower

Local Bread & Snack

통영 대표 군것질거리는 꿀빵?
도너츠도 있습니다!

22 거북당꿀빵 SINCE 1975, 백년가게 선정!

1975년 문을 연 '백년가게' 선정 업소다. 60년간 오로지 꿀빵 외길만 파온 창업주가 3대에 걸쳐 운영한다. 분식형 꿀빵이 아닌 부드럽고 달콤한 맛이 특징인 꿀빵이다. 추억의 밀크쉐이크도 판매한다. 중앙시장 꿀빵거리와 죽림 두 군데 업장을 운영한다. 꿀빵 외에도 생도넛이 맛있다. 팥, 고구마, 유자, 완두 4가지 맛.

📍 통영시 통영해안로 368 남현빌딩 ☎ 055-645-5950
메뉴 모듬꿀빵10개 10,000 생도넛 6개 6,000

23 오미사꿀빵 SINCE 1963

통영 시내에 수없이 많은 꿀빵 가게들이 있고 원조 찾기는 미궁으로 빠진다. 공 모양의 반죽 안에 팥 앙금을 넣고 기름으로 튀겨낸 뒤 꿀이나 시럽을 바르고 깨를 솔솔 뿌려 만든 꿀빵. '그 집이 그 집이고 꿀빵은 꿀빵이지' 해도 웬지 오래된 집에 끌린다면 1960년대에 시작한 오미사 꿀빵으로! 세탁소 옆에서 간판도 없이 시작한 '오미사 꿀빵'은 통영 꿀빵 대표선수. 세가지 앙금(호박앙금, 자색고구마 앙금, 팥앙금)이 있다. 택배도 가능. 직접 구매하려면 일찍 가는 것이 좋다.

📍 통영시 도남로 110 ☎ 055-646-3230 🕐 08:00~19:00
메뉴 팥앙금 10개 9,000 모듬 11,000

24 (연종이네)통영원조꿀빵 1959 100% 국산팥 수제앙금

1959년 새터시장, '연종이네'로 불리던 간판 없는 꿀빵집이 있었다. 하지만 중간에 노부부는 일을 그만두었고, 아들들이 부모님 방식 그대로 꿀빵을 다시 만들기 시작한 것이 2010년 이후이다보니 '원조'로 알려지지 않았다. 원조 여부를 가리는 것보다 만드는 방법이 중요하다. 사실 대량 주문을 받는 곳에서는 수제 앙금을 만들 수가 없다. 수제가 반드시 좋은것이냐 그 문제는 각설하고, 일단 맛은 좋다. 죽림에 둘째 아들이, 강구안에 셋째아들이 각각 가게를 운영한다.

📍 통영시 통영해안로 361-1 통영원조꿀빵1959 ☎ 010-5682-7122 🕐 09:00~19:00
메뉴 팥꿀빵, 고구마꿀빵 두가지, 10개들이 1박스 12,000

25 통영전통꿀빵 현지인 추천

다섯가지 맛(고구마, 유자, 완두, 팥, 밤)을 선보이는 '통영전통꿀빵'은 '품평회 1등'을 했다고 광고를 하고 있다. 맛은 개인차가 있지만 전반적으로 팥이 달지 않아 좋다는 의견이 많다. 구입후 2~3일 동안 즐길 수 있고, 오래 두고 먹으려면 밀봉해서 냉장보관하거나 냉동 보관 후 실온에서 자연 해동하면 된다고. 가격은 오미사보다 약간 비싸다.

📍 통영시 통영해안로 323-2 📞 010-3880-0364 🕐 08:00~21:00 **메뉴** 모듬 13,000 팥 13,000 고구마 12,000 (10개 세트) @tongyeong_tradition_ggulbbang

26 고메원도너츠 통영점 욕지 명물 고구마로 만든 도너츠

통영 사투리로 고구마를 '고메'라고 한다. '고메원'은 욕지도에서 온 도너츠다. 중앙시장 근처에 분점이 있고 욕지도에 본점이 있다. 욕지도 출렁다리 입구 '태평양 언덕'에서 고구마 농사를 지으며 카페를 운영하던 주인이 2018년 만든 도넛브랜드로 비싸지만 맛으로 유명한 욕지도 고구마를 사용해 만들었다. 욕지도에 방문했다면 탁 트인 바다를 보며 도넛에 커피 한잔은 필수코스다. 꿀빵거리에 있는 매장은 안에 테이블이 있어 들어가서 음료와 함께 잠시 머물다 가도 된다.

📍 통영시 통영해안로 341 고메원 도넛 통영점 📞 055-648-5983 🕐 10:00~20:00 토일 10:00~21:00 **메뉴** 고구마도넛 2,500 고구마크림치즈도넛 3,000

27 충렬도너츠·제과 꿀빵보다 도너츠

꿀빵의 기세에 다른 간식들은 기를 펴지 못하지만 사실 현지인들은 꿀빵을 잘 먹지 않는다. 충렬사 근처의 충렬도너츠는 현지인과 일부 외지인들만 찾는 찐 맛집이다. 각종 옛날 빵들과 찹쌀떡, 고로케, 도너츠가 있다. 도너츠는 오리지널 팥 외에도 꽈배기, 호두가 든 길쭉한 도너츠, 생도너츠 등 종류가 많은데 다 맛있다. 20년 넘게 한 자리에서 도너츠를 만들어 온 과묵한 주인장은 도너츠에 진심이다. 봉지에 도너츠를 넣어주며 '절대 봉지를 닫지 말라'고 한마디 툭 던진다. 나긋한 친절보다 경상도 특유의 투박한 다정함이 있는 곳. 가격도 착하다.

📍 통영시 명정고개길 3 📞 055-642-8335 🕐 10:30~20:00 월 휴무
메뉴 도너츠, 꽈배기 800 (10개 이상 700) 고로케 1,000

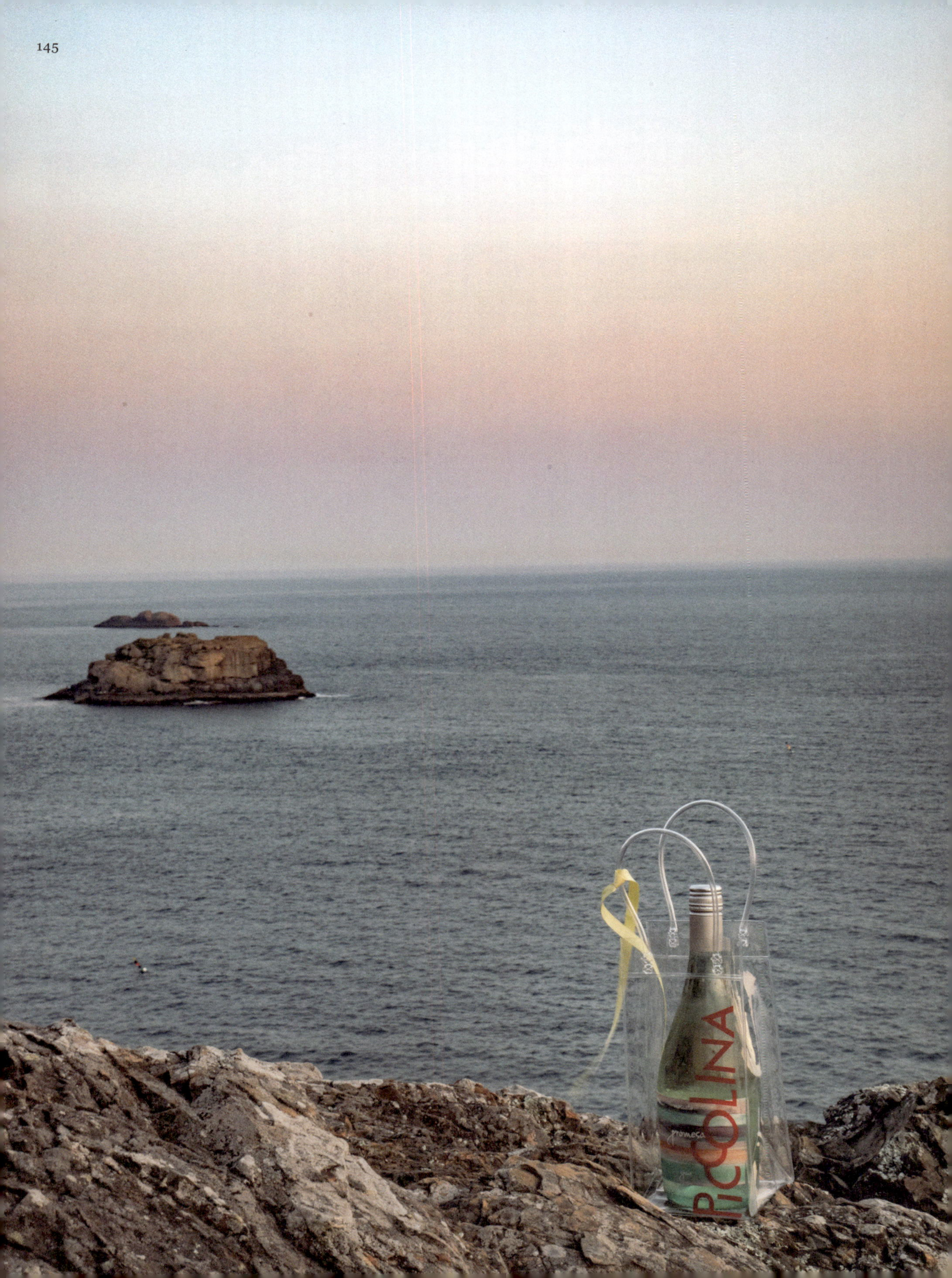
PICCOLINA

RESTAURANT

Western Dining

통영에 왔지만 양식은 못잃어!
한두 끼 정도는 근사하게!

01 슈가스테이 아름다운 브런치 타임

슈가스테이에 머무는 숙박객의 조식당을 겸하고 있어 오전 9시부터 식사가 가능하다. 통영 사람들에게는 '쉐이리드스텔라 카페'로 유명했던 곳인데 최근 리브랜딩을 하면서 음식과 인테리어가 업그레이드 되었다. 서울에서 활동하던 화려한 경력의 김도완 셰프를 영입하여 맛은 물론 플레이팅이 한차원 더 고급스러워졌다. 매일 아침 8시에 당일 소진할 양의 수란과 홀랜다이즈소스를 만들어 정성껏 준비하는 '에그베네딕트'는 꾸준한 인기메뉴다.

📍 통영시 갈목길 40 🕘 09:00~21:00 수 휴무 **메뉴** 에그베네딕트 15,000 쿱샐러드 14,000 📷 @ty_sugarstay

02 오월 숨겨진 보석! 로컬 이탈리안 프렌치 다이닝

파리에서 르꼬르동블루 졸업 후 2011년까지 5년 동안 서울 부암동에서 '오월'을 운영하던 김현정 셰프는 어느 날 운명처럼 통영에 오게 되어 마침내 정착했다. 1인 셰프 다이닝이라 100% 예약제다. 단 세 개의 테이블만 시간 차를 두어 받으므로 미리 방문을 계획한다. 그날 그날 로컬 재료를 접시에 아름답게 담아 낸 현정 셰프의 요리는 당일 시장을 봐 즉흥적으로 운영되며, 식재료를 미리 상의해도 좋다. 주택가에 하얀 이층집으로 영어로 O'Wall이라고 쓰여있는 곳을 찾을 것. 통영에 가면 꼭 경험해야 할 베스트오브베스트!

📍 통영시 도남동 데메3길 64-12 2층 ☎ 055-647-0188
메뉴 런치코스 3만원, 디너코스 1인당 4~6만원/ 7만원
📷 @seaowall

03 올리브올러브 전망, 분위기, 맛, 행복이 넘치는 파티공간

평인일주도로 해안가에 있는 올리브올러브는 청담동의 멋과 맛에 제주의 분위기가 느껴지는 통영의 신상 레스토랑이다. 르꼬르동블루 출신으로 서울에서 활동하던 경력 셰프를 최근 영입하여 메뉴에 엣지를 더했다. 마을 어부들과 직거래한 제철 해산물을 넣어 만든 파스타와 리조또가 맛이 없을 수 없다. 와인 또는 상그리아 주문 시 칠링백에 생화를 장식해 테이블로 가져오는 기분 좋은 서비스를 생각해 낸 대표는 전직 셋트디자이너/파티플래너로 '예쁘게 꾸미는 것이 천성인 사람'이다. 석양이 물드는 저녁 루프톱 공간에서 와인과 함께 보내는 낭만적인 시간은 지중해의 어딘가로 흘러간다.

📍 통영시 갈목길 47-19 ☎ 0507-1349-8832 🕘 11:30~21:30 화 휴무
메뉴 유자라코타샐러드 10,000 어니언큐브스테이크 35,000 굴파스타 19,000 쉬림프오일파스타 17,000 📷 @oliveolove_sugarstay_offical

04 인간미 통영죽림점 오션 뷰 전망에 분위기와 맛을 더한 레스토랑

거제와 통영에 두 군데 있어 현지인들에게는 꽤 유명한 곳이다. 통영은 죽림해안로 상의 시원한 바다 전망이 펼쳐진다. 통창에 펼쳐진 바다가 압도적, 테이블마다 놓인 생화, 아기자기한 조명과 깔끔한 인테리어로 데이트 장소로도 손색이 없다. 파스타, 피자, 샐러드, 필라프 등 캐주얼하고 익숙한 메뉴들은 호불호가 없이 다양한 사람들의 입맛에 다 맞는다. 인기 메뉴인 얇은 도우에 말아먹는 '깻잎피자'는 깻잎 향과 야들야들한 불고기가 잘 어우러진다. 큰 새우가 두 마리나 올려져 있는 왕새우알리올리오도 추천메뉴. 창가 자리는 예약이 필수다.

📍 통영시 광도면 죽림해안로 64-38 3층 ☎ 055-649-1471 🕐 11:00~21:00 브레이크타임 15:30~17:00 월 휴무 **메뉴** 깻잎/시금치피자 23,000 파스타류 14,000~ 가든샐러드 5,000 리코타과일샐러드 17,000 📷 @ty__inganmi

05 테라로키친 항남동 브런치.파스타 맛집

항남동 좁은 골목길에 하얀 2층 양옥 건물이 주변을 환히 비춰준다. 40년이 넘은 주택 건물을 부부가 파스타와 브런치 레스토랑으로 운영 중이다. 담장을 무릎 높이로 낮춰 골목 밖에서 바라보면 창 너머의 실내가 궁금해지는 '테라로키친'은 우아하고 모던한 분위기다. 엔초비오일, 로제크림, 라자냐 등의 파스타 종류와 샐러드, 라이스를 골고루 맛볼 수 있다. 톳명란파스타가 가장 유명하다. 작은 식당이라 예약은 받지 않는다.

📍 통영시 항남1길 37 ☎ 0507-1393-0666 🕐 11:00~21:00 월화 휴무 **메뉴** 라구치아바타 14,500 톳명란파스타 17,000 수제크림치즈베이글 12,000 📷 @terraro_kitchen

For Special Treat

접대명가! 귀한 손님을 대접하고 싶은 집. 나를 귀하게 대접하고 싶을 때도!

06 대풍관 전통적인 굴 코스 요리

약 27년간 2대에 걸쳐 오직 굴 요리만 전문적으로 해 온 대표적 통영 굴 요리점이다. 단품으로 굴밥, 굴국밥을 주문해도 기본 반찬으로 굴무침과 굴전이 나올 정도로 굴에 대해서는 타의 추종을 불허하는 집. 9월부터 3월까지는 굴 요리, 그 외 기간엔 물회와 갈치조림이 메인이다. 통영 식당들 중 가장 큰 규모의 식당 중 하나다. 굴 코스 요리는 A,B,C 세가지인데 혼자라면 간단한 C코스는 주문가능하다. 봄, 여름에는 굴 대신 멍게, 멸치회, 물회 등이 위로 해 줄 것이다.

📍 통영시 해송정2길 29 ☎ 055-644-4446 🕐 09:30~21:00 **메뉴** 굴 A코스 25,000 B코스 20,000 C코스 15,000 갈치조림 코스요리 20,000 (2인이상 1인기준)

07 비원 통영하면 한우죠!

통영하면 해산물이 먼저 떠오르지만 최상급 한우를 바다를 보며 맛볼 수 있는 식당이 있어 소개한다. 서울 유명 한우 프렌차이즈 총괄 셰프가 고향에 내려와 오픈한 '비원'이다. 좋은 고기만 선별하여 그만의 노하우로 직접 가공, 3주 숙성해 고기의 품질과 맛에 자신있다. 1++ 등급의 새우살, 토시살, 제비추리, 꽃갈비살, 부채살, 업진살, 등심 등 다양한 부위를 한 번에 맛볼 수 있는 모듬메뉴들은 깔끔하고 고급스러운 플레이팅으로 더 맛있게 느껴진다. 1++ 허벅지살로만 요리한 불고기전골 점심특선(12-2시까지만)은 인기폭발메뉴.

📍통영시 평인일주로 1019 ☎ 055-646-3193 🕐 11:00~21:00 첫째 세째 월 휴무 **메뉴** 흑비원모듬(350g)80,000 눈꽃모듬(350g)100,000 프리미엄모듬(350g)120,000 등심(90g)24,000 차돌박이(90g) 16,000

08 수향초밥 현지인 인정 일식 코스 요리

항남동 골목에 깔끔하고 번듯한 외관의 일식집 '수향초밥'이 있다. 개별룸이 있고 주차도 편해 모임하기 좋은 식당이며 음식도 정갈하고 맛있다. 접대 시에는 코스주문이 많지만 생선조림, 생선초밥, 매운탕, 구이 등을 단품으로 시켜도 된다. 점심특선에는 와다, 해삼굴조림, 해물볶음 같은 전식, 그 다음에 계절 회가 나오고 그 다음 가오리찜, 새우튀김, 생선조림, 구이 그리고 초밥과 미역국, 후식 순으로 골고루 차례차례 이어진다. 흠 잡을데 없는 무난한 접대명가다.

📍통영시 항남3길 29 ☎ 055-645-3052 🕐 12:00~22:00 매달 세번째 일 휴무 **메뉴** 점심특선 30,000~40,000 저녁풀코스 50,000~10,000 회정식 50,000 생선구이 30,000

09 야소주반 술과 음식이 있는 예약제 코스 다이닝

미륵도 야소골, 서울에서 통영에 정착한 미식가 부부가 운영하는 예약제 레스토랑이다. 목요일부터 일요일까지만 운영한다. 계절 식재료를 사용하여 해산물 위주의 코스요리를 내는데, 홈메이드 발효 식초를 사용한 요리들은 심플하지만 맛이 깊다. '야소주반'의 음식을 맛본 손님들은 하나같이 엄지를 들어올린다. 여기에 남편 박준우가 빚은 '건축가가 빚은 막걸리'를 곁들이면 금상첨화. 유기농쌀과 앉은뱅이 밀누룩으로 빚은 프리미엄 탄산 막걸리는 아내의 요리와 최고의 궁합이다.

📍통영시 산양읍 금평길 42-23 🕐 12:00~21:00 월화수 휴무 **메뉴** 코스요리 80,000 (3인 이상) 쉐프테이블 (1인당) 120,000 📷 @yasojuban

10 회운정 세련된 퓨전 굴 요리 전문점

한산대첩 광장에 있는 굴 전문 레스토랑이다. '레스토랑'이라 한 이유는 실내가 카페라고 해도 될 만큼 세련되게 꾸며져 있기 때문, 손님 모시고 가기 그만이다. 굴 시즌에는 식당의 하이라이트인 굴 코스를 추천한다. 굴무침, 굴전, 하프쉘, 굴비빔밥, 해물된장뚝배기, 가리비앤굴버터구이, 굴전까지 한 상 가득 차려진다.(1인 25,000원) 놋그릇에 담겨 나오는 플레이팅이 고급스럽다. 맛도 현지인과 외지인, 누구라도 만족할 만한 정제된 솜씨, 안동의 264와인이 준비되어 음식과 함께 조화롭게 즐길 수도 있다.

📍통영시 동충2길 39 ☎ 055-649-3302 🕐 11:00~21:00 화 휴무 **메뉴** 굴코스요리 25,000 전복해물뚝배기세트 25,000(2인 이상) 가리비버터구이 25,000 하프셀 15,000 갈치조림정식 21,000 갈치조림 15,000 📷 @green150_56

Dajji, Seafood Bistro

실비, 소주방, 다찌, 반다찌
상호는 다 달라도 다찌에 푸짐함은 기본입니다.

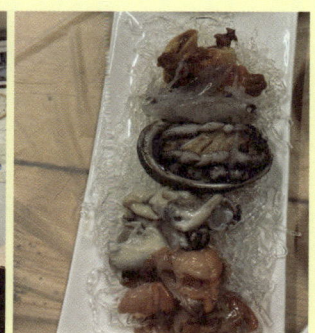

11 물레야소주방 (반다찌) 백반기행에 소개된 통영반다찌!

'물레야'는 1인 2만원의 가성비 좋은 반다찌다. 보통 4만원 정도 형성된 다찌 가격이 부담스러운 이들을 위해 최근 경향은 반다찌집이 같다. '물레야'는 허영만의 '백반기행'에 소개되기도 했다. 한상 가득 그날 그날 다른 요리들이 차려진다. 기본 상에 장어, 해삼내장 같은 레어템과 회, 굴전, 아구수육, 멸치회, 생선구이, 미역국까지 해산물부터 수육까지 골고루 나온다. 반다찌집은 거의 술은 불포함이다. 술을 주문하면 양동이에 소주2병, 맥주1병, 음료 1병 넣고 가시는데 놀라지 말 것, 먹은 것만 계산하면 되니까.

📍 통영시 동충3길 41-2 ☎ 055-649-0079 🕐 18:00~22:00
메뉴 1인 20,000 술 5,000, 음료수 2,000

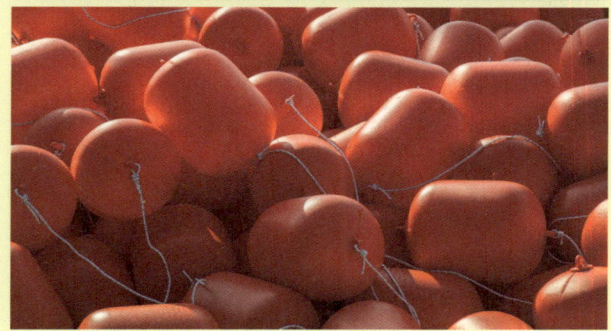

21 물보라다찌 수요미식회 맛집

물보라다찌는 '수요미식회'에 소개된 오리지널 현지 노포스타일 다찌다. 외지인들도 많지만, 초저녁부터 빠르게 자리를 채우는 연세 지긋한 단골들의 모습에서 오래된 맛집 포스를 느낀다. 20여 년 한 자리를 지켜올 수 있었던 비결은 신선한 식재료와 사장님의 손맛이다. 1인 4만원, 2인상 기준에 소주1병, 맥주 1병이 포함되어 있다. 추가 주문하는 술은 1만원이다. 반다찌가 처음부터 술 가격을 별도로 받는 것과는 다른 시스템으로 술을 주문하면 안주는 계속 추가된다. 신선함은 기본이고 양도 푸짐하고, 생전 처음보는 흔하지 않은 해산물 셀렉션에 결국은 '갓성비'라 외치고 싶은 곳이다. 장어탕은 손님들에게 인기 있는 이 집의 시그니쳐.

📍 통영시 동충4길 48 ☎ 055-646-4884 🕐 17:00~23:00 화 휴무
메뉴 1인 40,000 (작은상 80,000) 4인 기준 작은 상 120,000 큰상 160,000 술 기본 2병 포함, 추가는 병당 10,000

13 벅수다찌 이것이 요즘 통영다찌

허름한 노포스타일의 다찌가 대세였다면 깔끔한 인테리어, 유니폼을 입은 친절한 직원들, 현대적인 플레이팅으로 무장하여 기존 다찌와 차별화한 '벅수다찌'는 가히 최근 통영 다찌의 흐름을 보여주는 집이다. 최근엔 '알쓸신잡'에 소개되어 유명세를 탔다. 매일 다른 메뉴가 나오는 노포 스타일의 다찌≒ 그날의 주인 컨디션에 따라 상이 만족스럽지 않은 경우도 있는 것이 단점이라면 시스템에 의해 움직이는 벅수의 술상은 언제나 안정적이다. 12시부터 2시엔 점심특선이 인기다. 통영전통비빔밥, 멍게비빔밥, 물회 등의 단품도 있어 순수 다-찌라기 보다는 '다지'를 표방한 레스토랑으로 이해하면 더 좋다.

📍 통영시 동충2길 41-5 ☎ 055-641-4684 🕐 12:00~21:00 화 휴무
메뉴 다찌1인 50,000 점심특선 1인 15,000 멍게비빔밥 15,000 점심특선 물회/회덮밥 18,000 📷 @bucksu__dazzi

14 윤희소주방 재방문 의사 100% 찐 로컬 술상

작은 홀 안에 옹기종기 모여 앉은 현지인들로 가득한 반다찌 집이다. 관광객들이 많이 찾는 항남동을 벗어나 무전동에 위치해 있다. 2인 한상에 3만원, 1인 추가시 1만원을 더 받는다. 즉, 3인이 가면 4만원이니 1인당 13,000원 정도, 가성비가 절대 갑이다. 술을 추가할 때마다 생선구이, 탕 등이 따라 나온다. 제철 해산물과 샐러드, 편육, 호래기회, 미더덕, 멍게회, 장어조림, 야채 등의 안주가 가득해 술상으로는 손색이 없다. 고동, 가오리무침, 생선구이, 바지락탕, 꽃게찜, 케일쌈, 산마늘 등도 계속해서 상에 올랐다.

📍 통영시 안개로 36 ☎ 055-646-0284
메뉴 한상 30,000(2인) 계란말이 12,000 해물라면 5,000 술 병당 5,000

Noodles

면을 사랑하십니까? 칼국수, 짜장면, 짬뽕, 그리고 냉면과 국수까지!

15 백서냉면 행복이 만들어 내는 냉면

여행을 사랑하는 부부의 봉수골 맛집이다. 들어가자마자 느껴지는 예술의 향기. 남편은 서양화를 전공한 미술학도다. 직장생활을 하다가 아내를 만나 세계일주를 2년 넘게 하고 결혼했다. '백서냉면'의 '백서'는 부부의 성을 한자씩 딴 네이밍이다. 냉면은 슴슴하면서도 깔끔한 맛으로, 해장에도 좋다. 직접 뽑는 면과 따뜻한 육수, 정성스런 스타일링, 가지런한 매장 분위기에 현지인 단골이 많다. 9월부터 시작하는 수제비갈비탕, 수육도 추천한다. 부부는 겨울마다 과감하게 가게 문을 두 달 닫고 제주도로 떠난다. 충분한 휴식 후 좋은 음식을 만들 마음이 생긴다. 행복이 맛으로 표현된다면 아마도 이런 맛일 듯.

📍 통영시 봉수돌샘길 23 ☎ 055-645-0632 🕙 11:00~19:00(20:00 4월~8월) 화 휴무 **메뉴** 물냉면 9,000 비빔냉면 9,000 온면 9,000 수제비갈비탕 10,000
📷 @baekseo_naengmyeon

16 빌레트의 부엌X봉수 국수와 찹쌀, 고구마로 빚은 술의 조화로움

제주에 통영으로 온 '빌레트의 부엌'을 기억하는 단골들이 많다. 2층 주택은 손님들을 위한 식당과 술을 빚는 양조장으로 변신했다. 장르를 규정짓기 어려운 메뉴들은 종류가 많지는 않지만 모두 먹어보고 싶은 생각이 든다. 세련되고 고요한 분위기 속에 혼밥과 혼술이 가능하고 휴식과 사색까지 즐길 수 있는 공간, 낮이 끌리는 이유는 생약주가 궁금해서다. 에디터의 추천은 양파조림과 고추장 소스가 들어간 매콤한 '김창남 국수'다. 어머니의 이름을 딴 '빌레트의 부엌'의 시그니처 메뉴로 김창남국수+고메생약주 세트는 한낮에 즐기는 여행의 여유다.

📍 통영시 봉수로 64-2 ☎ 055-990-1102 🕐 11:30~22:30
메뉴 고메생약주 500ml 7,000 크리미고메 6,000 김창남 국수 6,000 명란덮밥 7,000 📷 @villete_bongsu

17 심가네해물짬뽕 통영 바다가 담긴 압도적인 짬뽕 사발

해산물이 풍부한 지역이면 어디에나 꼭 있는 '최고의 짬뽕맛집' 타이틀을 두고 치열한 경합을 벌이고 있는 짬뽕전문점 중 하나. 서호시장 근근에 위치한 '심가네해물짬뽕'은 알쓸신잡 통영편에 잠시 소개되기도 했지만, '백년가게'로 선정된 지역 맛집이다. 이 집 짬뽕은 먼저 크기로 압도한다. 일반적인 짬뽕 그릇의 1.5배는 될 것 같은 큰 그릇에 통영의 바다를 가득 담았다. 가리비, 새우, 꽃게, 홍합 등이 빨간 국물 위에 놓여 짬뽕 그릇을 더욱 아름답게 장식한다 한우 사골을 우려서 낸 짬뽕국물은 매콤칼칼하면서도 사골 특유의 부드러움이 느껴진다. 매운맛 조절도 가능하다.

📍 통영시 새터길 74-4 ☎ 055-649-8215 🕐 10:00~20:00 화 휴무
메뉴 해물짬뽕 9,000 심가네해물특짬뽕 2인분 기준 27,000 하얀짬뽕 8,500 해물접시짜장 8,000 칠리새우 20,000/30,000

18 옛날생각 편안한 칼국수 전문점

'옛날생각'은 봉수골 용화사 찜골목에 자리 잡은 국수집이다. 비교적 가볍게 한 끼를 해결하고 싶을 때 생각나는 해물칼국수와 팥칼국수가 가장 대표적인 메뉴이고 여름에는 콩국수, 겨울에는 빼떼기죽을 계절 메뉴로 맛볼 수 있다. 식당 안은 옛 생각이 나는 추억의 물건들로 가득하다. 천장에는 수많은 글씨와 그림들이 붙어있고 국적을 넘나드는 오래된 물건들이 곳곳에 진열되어 있어서 작은 골동품가게를 둘러보는 듯한 재미를 덤으로 얻을 수 있다.

📍 통영시 봉수로 77 정글북 ☎ 055-645-6662 🕐 10:00~21:00
메뉴 칼국수 7,000 콩물 8,000 빼떼기죽 7,000 손두부 7,000 도토리묵 7,000

19 통통칼국수 생면 칼국수와 경아김밥 셋트

통영 현지인 추천식당 중 하나인 칼국수집이다. 매일 아침 생면을 뽑고 육수를 2시간 이상 우려내니 칼국수가 맛이 깊을 수 밖에. 칼국수 의에도 이 집의 명물이 또 하나 있다. 바로 집에서 만든 것 같은 '경아김밥'이다. 이름처럼 통통한 경아김밥은 자극적인 맛이 1도 없는 옛날 김밥이다. 푸짐한 양, 합리적인 가격, 친절하고 유쾌한 서비스 그리고 맛까지! 한번 오면 단골이 되는 곳. 겉절이도 매일 새로 담근다.

📍 통영시 동충3길 46 상가 102호 ☎ 0507-1357-0477 🕐 10:30~20:00, 15:30~17:30 브레이크타임, 월 휴무 메뉴 통통칼국수 8,000 통통 경아김밥 5,000 매생이 칼국수 8,000 얼큰칼국수 7,000 📷 @kyeong_a1251

Local Specialty

통영이 처음이라면 현지 먹방의 '기본 리스트'가 있지요? 유명한 메뉴, 유명한 식당입니다.

20 도남식당 모든 것이 기본 이상

'도남식당'은 접대, 다찌, 토속음식, 사실 모든 통영음식의 키워드를 만족시키는 만능키같은 곳이다. 우선 외관부터 깔끔, 쾌적하고 청결하다. 30년 전통의 오래된 손맛을 대를 물려 이어가고 있어 친절하고 활기차며 아이디어가 풍부하다. 다찌문화를 관광객과 현지인들이 둘 다 만족할 수 있도록 머리를 짜내 만든 '달통술(달이뜨니 통영술상이 생각나는구나)'이 좋은 반응을 얻고 있다. 음식은 정식과 단품이 있는데 정식은 이 집의 하이라이트들로 구성됐다. 해물정식, 갈치조림정식, 멍게정식, 해물된장정식, 굴밥정식 등…. 단품은 통영에서 궁금한 거의 모든 메뉴가 있다. 허름함보다 깔끔한 분위기를 선호하는 이라면 바로 여기!

📍 통영시 도남로 272 ☎ 055-643-5888 🕙 10:00~21:00
메뉴 달통술(술상) 40,000 해물된장정식 18,000 @with_donamsikdang

21 돈먹고 쌈먹고 신선한 야채, 다시마쌈과 함께 즐기는 멸치쌈밥

통영 종합버스터미널 바로 맞은편에 있다. 버스를 기다리면서 요기하기 좋은 집으로 소개를 받았지만 실은 꽤 괜찮은 곳이었다. 좌식테이블에 허름한 외관, 일부러 찾아가긴 어려워도 근처에 있다면 시도해 볼 것. 쌈밥정식, 두루치기, 멍게비빔밥, 해물된장, 김치찌개 등의 메뉴가 있는데 그 중 쌈밥이 메인이다. 고등어, 고기, 멸치 쌈밥 중 단연 '멸치쌈밥'을 추천한다. 풍성한 쌈과 함께 즐기는 비린내가 전혀 없는 통영식 멸치쌈밥을 경험해 보자.

📍 통영시 광도면 죽림4로 19-10 ☎ 055-644-2273 🕙 11:00~20:00
메뉴 멸치쌈밥정식 9,000 (2인 이상) 고기쌈밥정식 10,000(2인 이상) 쌈밥정식 1인 12,000, 된장찌개 8,000

22 동해식당 도다리쑥국과 돌솥밥 플렉스

봄엔 도다리쑥국, 여름 성게비빔밥과 성게미역국, 겨울 바다메기탕, 생굴회, 굴밥 등 통영의 제철 해산물로 요리한 음식들을 계절별로 즐기며 동해바다의 넉넉함에 감사한 마음을 느낄 수 있는 집이다. 어떤 메뉴를 주문해도 갓 지은 돌솥밥과 함께 나오니 잠시 기다리는 인내심이 필요하다. 보답은 건강하고 따뜻한 한 끼 돌솥 밥상. 넉넉한 인심이 더해진 생선구이와 갈치조림도 현지인들의 추천이다. 항남동 골목에 있는 허름한 분위기, 내부는 깔끔하다.

📍 통영시 동충4길 43 ☎ 055-646-1117 🕙 09:00~21:00
메뉴 생선구이 10,000 새싹멍게미비빔밥 15,000 갈치조림 (2인이상) 15,000
물메기탕/도다리쑥국 15,000

23 멍게가 사시사철 멍게는 여기!

우리나라 멍게의 70%를 양식하는 멍게의 고장 통영 사람들은 멍게를 어떻게 먹을까? 궁금하다면 '멍게가'로 가보자. 멍게수협 추천 멍게요리 전문점 멍게가는 이상희 통영향토요리연구가가 운영한다. 3월~6월이 제철인 멍게를 사계절 내내 즐길 수 있도록 레시피를 개발하고, 멍게비빔밥에 채소 대신 해초를 넣어 멍게의 독특한 향과 바다의 맛을 제대로 느낄 수 있도록 했다. 수요미식회에 소개됐다. 멍게회, 멍게비빔밥, 멍게샐러드, 멍게무침 등 다양한 멍게 요리를 맛볼 수 있다.

📍 통영시 동충4길 25 ☎ 055-644-7774 🕐 11:00~19:30 브레이크타임 15:00~16:00 메뉴 멍게비빔밥 12,000 세트 15,000 통영물회 15,000 합자국비빔밥 10,000 @ @mgg_tongyeong

24 수봉식당 두시간 영업하는 마성의 해물탕

점심시간만 바짝 여는 식당이라 관광객이 시간 맞춰 이 식당에 간다는 것은 쉽지 않다. 하지만 일정이 허락한다면 들러보아도 후회는 하지 않을 것이다. 부부가 20년 이상 함께 일한 환상 케미가 느껴지는 '수봉식당'은 반찬10~12종과 단일메뉴인 '해물된장찌개'가 들어가자 마자 테이블에 바로바로 셋팅된다. 굴미나리무침, 호래기젓갈, 생선구이, 잡채, 멍게, 해삼 같은 반찬들부터 이미 평범하지 않다. 해물된장찌개에는 게, 딱새우, 새우가 들어가 있어 화려하진 않아도 충분히 맛있다. 식사 후에는 잊지않고 식혜를 안겨주신다. 전화예약가능.

📍 통영시 산양읍 영운리 567-1 ☎ 055-644-1130 🕐 11:00~13:30 메뉴 해물탕정식 10,000

25 슬이네밥상 보리밥집이야, 한정식이야?

현지인들이 추천할 만한 백반집으로 '슬이네밥상'을 꼽는 이유는 '푸짐하고 풍성해서 먹을만 하다.' 라는 것이다. 만원짜리 '슬이네보리밥'을 주문했더니 밥상에 시키지도 않은 수육과 멸치회, 멍게회, 게장, 생선구이가 올라왔다. 그리고 된장찌개와 각종 나물 반찬들! 외지인들은 상상할 수 없는 구성이지만 이것이 슬이네밥상의 기본상이다. 12명 이상 예약에만 가능한 '정식'은 상다리가 부러지겠구나 상상을 해봤다. 식당 내부도 깔끔하고 한산, 비진 등의 섬 이름을 딴 프라이빗 룸도 있다.

📍 통영시 해미당1길5 ☎ 055-644-3232 🕐 12:00~21:00 일 정기휴무 메뉴 보리밥 10,000 슬이밥상 25,000 수육 25,000

26 원조밀물식당 익힌 멍게의 참맛

우렁쉥이(멍게)의 참맛을 알고 싶다면 중앙시장의 '원조밀물식당'으로 가자. 요즘은 멍게 양식으로 계절에 상관없이 사철 마음껏 즐길 수 있다. 이 집에는 다른 곳에는 없는 특별한 메뉴 '멍게전골'이 있다. 숭늉부터 시작, 밑반찬 나올때 생선 한 마리가 툭 하고 무심하게 테이블에 올려진 후 전골이 왔다. 소고기, 야채가 들어간 된장 베이스의 슴슴한 국물에 노랗고 통통한 멍게 납시요! 홍합처럼 식감이 쫀득하고 단맛이 도는 아주 매력적인 맛이다. 너무 익히면 질겨지니 금방 꺼내서 음미하자. 와사비간장을 찍으면 맛이 좋다. 멍게는 회라는 공식이 싹 사라지는 시원한 별미다.

📍 통영시 중앙시장1길 8-42 ☎ 055-643-2777 🕐 08:00~21:00 메뉴 멍게비빔밥 10,000 멍게전골 40,000 모듬생선구이 8,000

27 원조시락국 하루의 문을 여는 뜨끈한 국물

이른 아침 하루의 문을 여는 시장 사람들과 먼길을 떠나 돌아온 뱃사람들의 '소울푸드'인 시락국은 이제 현지인과 관광객 모두에게 사랑받는 통영 음식이 됐다. '바다가 차린 성찬'이라는 콘셉트로 손님을 맞이하는 서호시장 시락국집 '원조시락국'은 시락국과 함께 10여 가지 반찬을 원하는 만큼 덜어 먹는 시스템이다. 테이블에 준비된 부추와 조미김, 청양고추, 방아 또는 산초가루, 간장 다대기장 등을 넣어 각자의 취향대로 즐길 수 있다.

📍 통영시 새터길 12-10 ☎ 055-646-5973 🕐 04:30~18:00
메뉴 시락국밥 6,000

28 원조 전통통영비빔밥 기본에 충실한 슴슴한 비빔밥

통영비빔밥은 생미역, 톳나물, 모자반, 방풍나물 등 해초와 채소를 주재료로 하고 조개로 끓인 두부탕수국을 곁들여 먹는 것이 특징이다. 각종 나물을 풍성하게 무쳐서 자르고 담아 자작하게 탕국이 부어져 나오는 비빔밥은 나물 하나하나에 양념이 다 되어있어서 굳이 고추장을 넣지 않고 그대로 살살 섞어 먹는다. 색깔도 순하고, 맛 또한 슴슴해 고급스럽게 느껴지는 비빔밥이다. 신선한 멍게와 해초를 듬뿍 넣은 멍게비빔밥도 통영하면 떠오르는 비빔밥 중 하나다.

📍 통영시 동충4길 45 항남복합상가 1층 ☎ 055-642-1467 🕐 09:00~20:00 화 휴무
메뉴 통영비빔밥 9,000 돌솥비빔밥 9,000 멍게비빔밥 12,000 꼬막비빔밥 12,000

29 진미식당 못생긴 생선이 맛이 좋더라

3대를 이어 운영하는 서피랑 근처의 작은 식당이다. 주로 쑤기미, 삼세기 등 낯설고 못생긴 생선들로 탕을 끓여 손님상에 올린다. 관광객들 보다는 현지인들이 자주 찾는 집으로 '쑤기미탕'은 통영 사람들의 속을 시원하게 풀어주는 소울푸드로 여겨지기도 한다. 허름하지만 통영시장과 시청 공무원들도 자주 찾는다. 못생긴 생선이지만 맛이 깊다. 통영이니까 맛 볼 수 있는 별미다.

📍 통영시 충렬로 14 ☎ 055-643-0240 🕐 11:00~18:00
메뉴 쑤기미탕 12,000 삼세기 11,000 매운탕 10,000 복국 10,000

30 팔도식당 계절식단과 장어구이 셋트

무전동에 위치한 팔도식당은 이른 아침 현지인들이 추천하는 백반정식집이다. 대를 이어가며 지난 40여 년동안 공간을 조금씩 확장해 왔다. 백반기행에 소개된 것은 도다리쑥국이지만, 계절별 리스트는 여름 갈치조림과 열무국수, 가을 꽃게탕, 겨울 대구탕과 물메기탕으로 이어진다. 스테디셀러는 백반과 각종 찌개백반, 그리고 장어구이세트와 해물탕이다. 반찬은 계절별 해물, 생선을 비롯한 통영 재료들로 차려진다. 이따금씩 일반 식당에서는 팔지 않는 현지인들이 챙겨 먹는 귀한 녀석들을 손님들에게 나눠주기도 한다.

📍 통영시 안개2길 25-6 ☎ 055-642-6477 🕐 06:00~21:00 연중무휴
메뉴 장어구이백반 20,000 해물탕 12,000 도다리쑥국 15,000 백반 7,000

31 통영문참치 욕지도에서 온 싱싱한 대한민국 참치

대한민국 참치를 통영에서 맛볼 수 있다. 한때 고등어 파시의 영화를 누렸던 욕지도에서 100kg 이상의 참다랑어들이 무럭무럭 자라나고 있다. 국산 참치를 키우겠다는 일념으로 이뤄낸 10여 년 노력의 결과로 동피랑점, 통영점, 거제점 세 군데의 식당을 열었다. 식당에 들어서면 당일 제공되는 참치의 나이와 무게, 잡힌 날, 숙성기간 등의 정보를 확인할 수 있다. 통영산 생참치회와 특수부위를 맛볼 수 있다는 사실만으로도 즐거운데 덮밥, 초밥, 물회, 냉파스타, 마요덮밥 등 참치의 매력을 취향대로 즐길 수 있는 다양한 메뉴가 반갑다.

📍 통영시 통영해안로 227-3 1층 ☎ 055-646-2462 ⏰ 11:00~22:00 월 휴무
메뉴 참치냉파스타 13,000 참치덮밥 22,000 참치모듬물회 15,000 생참치회 300g 60,000 📷 @tymoontuna_tongyeong

32 통영생선구이 전망, 인테리어, 플레이팅까지 완벽!

통영옻칠미술관과 이어서 일정을 잡으면 동선이 완벽해지는 '통영생선구이'를 소개한다. 화삼리 고즈넉하고 운치있는 바다 전망도 있다. 식당 입구부터 한국적인 분위기로 단아하고 깔끔하다. 돌솥밥과 신선하고 맛깔스런 반찬들 그리고 지글지글 소리를 내며 팬에 누워있는 참돔 선생. 생물 촌돔을 이곳에서 처음 영접했다. 메뉴는 오직 한가지, 생선구이인데 15,000원과 20,000원의 차이는 생물과 냉동. 그리고 우럭, 참돔, 감성돔이냐 또는 우럭, 가자미 아지냐의 차이라고 한다. 생선은 랜덤이다.

📍 통영시 용남동 동달안길 84 ☎ 055-646-4960 ⏰ 11:00~18:30
메뉴 생선구이정식 15/20,000

33 통영애 작가의 집에서 든든한 오리백숙으로 에너지충전

'통영애'는 조용한 풍화리 바닷가에 있는 숨겨진 식당으로 현지인들이 아끼는 곳이다. 실제 노부부가 사는 이층집으로, 입구에 '대한민국 명장의 집'이라는 표식이 걸려있다. 박재경 작가는 나전입체기법이라는 독창적인 방법으로 자신만의 세계를 구축하고 있는 패세공 명장으로 음식은 사모님이 담당한다. 백숙 국물이 구수하고, 짜지 않고 마일드해서 보양하는 기분으로 끝까지 국물을 들이켰다. 온몸이 따뜻해지면서 기를 받는 느낌. 나중에 나오는 죽은 배가 불러 테이크아웃할 수 밖에 없었다. 훌륭했다. 백숙은 조리시간이 오래 걸리니 미리 전화로 주문하고 방문하는 것이 좋다. 달아공원, 박경리전시관 연계 관광 시 추천한다.

📍 통영시 산양읍 풍화일주로 1518 ☎ 055-642-2826
메뉴 오리백숙 50,000 한방닭백숙 50,000

34 훈이시락국 가성비 갑, 반찬 뷔페

서호시장 시락국집들 중 여행객들에게 가장 인기있는 곳 중 하나인 '훈이시락국'은 반찬 종류가 많고 계란말이가 있어 취향저격이었다. 장어머리와 뼈, 시래기 등을 넣고 된장을 풀어 푹 끓여낸 통영식 시락국에는 보통 밥 한 공기만 있어도 되지만, 15가지 이상의 반찬이 뷔페처럼 나오는 서호시장 스타일은 푸짐하고 정이 넘친다. 주인장의 손 맛 가득한 다양한 반찬들 중 오징어무침과 김을 더하면 '충무김밥' 제조까지 가능하다. 다른 시락국집들에 비해 반찬이 단 편이라 초딩 입맛이라면 이 집.

📍 통영시 새터길 42-7 ☎ 055-649-6417 ⏰ 04:30~15:30
메뉴 따로국밥 6,000 시락국밥 6,000

35 천상 압도적 비주얼의 생선구이

'천상'은 현지인 추천의 생물 생선구이 맛집이다. 간판엔 매운탕, 생선구이, 자연산 회 전문점이라 써있다. 한산도 앞바다에서 잡은 '천상'의 신선한 생선들이 올라오는데, 어마어마한 크기의 돔과 우럭, 볼락에 외지인들은 탄성을 지를 수 밖에 없다. 끝까지 따뜻하게 먹을 수 있도록 철판에 서빙되는 것이 마음에 쏙 든다. 통영이니까 가능한 생선 구이의 크기와 맛은 감동적이다. 조개가 들어간 된장찌개도 맛있다.

📍 통영시 무전5길 37-27 1층 ☎ 055-645-5661 🕒 12:00~22:00 일 휴무 (한달에 1회) **메뉴** 매운탕 13,000, 생선구이 15,000, 자연산 회 50,000/70,000

Dry Fish Speciality

반건조 생선으로 만나는 맛의 신세계!

36 봉수골 '찜' 거리의 대표주자

봉수골 마을 입구에서 미륵산 용화사로 오르는 길은 케이블카 조성 전 등산객들이 자주 드나들었다. 등산 후 막걸리와 생선찜을 즐기던 현지인들을 대상으로 '용화사 찜골목'이 생겼다. '봉수골'은 아구찜과 대구뽈찜, 그리고 미더덕찜 등을 잘하는 찜 전문점이다. 기와가 있는 시골집 작은 방들, 그 공간 속에 더해진 추억의 소품들이 정겨움을 더한다. 가오리무침, 아구내장(짐/수육)과 함께 홈메이드 동동주까지 곁들이면 최고다. 동시에 여러 가지 생선을 맛보고 싶다면 아구, 대구, 오만디를 섞은 '모듬찜'도 있다. 기본반찬이 맛있다.

📍 통영시 봉수로 75 ⏰ 055-645-4215 🕐 11:30~20:30 월 휴무
메뉴 아구찜 중 35,000 아구찜 대 40,000 아구찜 특대 45,000 대구뽈찜 40,000

37 이중섭식당 강구안 건생선찜과 계절별미

강구안 골목을 누비며 2년여 이상 통영에서 그림을 그렸던 이중섭 화가의 스토리는 유명하다. 이중섭 화가의 이름을 딴 이 식당의 대표 메뉴는 물메기를 일주일 동안 말리고 다시 물에 불린 뒤 쪄낸 '마른메기찜'이다. 이 집만의 고유 레시피로 만드는데, 맛은 코다리찜과 비슷한 것 같으면서도 더 부드러운 식감에 고소함이 더해진다. 아구찜, 가자미찜, 꽃게찜까지 찜의 신세계를 만난 듯했다. 찜이나 조림 요리를 주문하면 통영식 비빔밥을 먹을 수 있도록 전통 나물이 기본 제공된다. 탕과 도다리쑥국 등 계절별미도 가능하다.

📍 통영시 강구안길 15 ⏰ 055-645-4151 🕐 09:30~21:00
메뉴 마른메기찜 70/60/50,000 아구찜 35/30,000 참가자미찜 50/40,000
통영나물밥 8,000 갈치찌개정식 15,000

38 해맑은생선구이.복국 복 전수자 사장이 직접 말리는 생선

사촌 누님이 운영하던 유명 복국집을 이어 받은 지금의 주인 부부는 복국과 더불어 생선구이도 하고 싶었다. 그래서 복국과 생선구이를 함께 하는 식당, '해맑은생선구이.복국'으로 상호를 바꿨다. 과거 '형제복국' 시절부터 사용하던 20년 된 양은솥을 지금도 사용하며 복국의 맛을 이어간다. 통옻 특유의 졸복을 탕과 수육으로 낸다. 생선은 사장이 매일 직접 작업하는데, 깔끔한 감칠맛을 내려면 신선한 생선을 잘 다듬어 슴슴하게 간을 한 뒤 적당한 온도에서 숙성을 시키여 한다. 이것이 그만의 기본이며 비법이다. 반건조생선은 양념간장 없이 소금으로만 간을 해 굽는다. 전국에서 오는 택배 주문도 많다.

📍 통영시 서호시장길 56 ⏰ 055-644-4933 🕐 10:00~20:00 화 휴무
메뉴 생선구이정식 14,000 졸복국 14,000 참복국 16,000

BAR & PUB

Dining & Drinks

통영의 밤, 밥과 술, 둘 다 양보할 수 없어요.
다찌말고요.
그렇다면 여기 어떠세요?

01 라인도이치 브루어리 오늘 외식은 여기! 양식과 수제맥주의 조화

해안가 앞에 지어진 붉은 벽돌 건물은 바닷가 양조장을 만들고 싶었던 손무성 대표의 오랜 숙원이었다. 하우스맥주 열풍이 불던 2000년대 초반, 400년 전통의 독일 데바수스 양조장의 기술과 장비를 도입했던 통영데바수스 멤버들이 뭉쳐 '라인도이치'의 문을 열었다. 독일 전통 양조방식으로 만든 수제맥주들. 바이젠, 필스너, IPA, 헬레스, 리미티드 에디션인 골든에일까지 라인업을 갖추고 있다. 레스토랑은 유명 셰프와의 협업을 통해 샐러드와 스프, 누들과 라이스, 버거와 피자 그리고 스테이크까지 눈과 입이 모두 즐거운 맥주와 함께 하는 미식 경험도 선보이고 있다. 펍이자 다이닝 공간이다.

📍 통영시 미우지해안로 103 ☎ 055-643-7759 🕐 11:30~24:00, 15:00~17:00 브레이크타임 **메뉴** 드래프트 비어 샘플러 6종 17,000 로코모코 15,000 리조또 17,000~ 누들 16,000~ 피자 16,000~ 버거

02 미륵미륵 식사도 2차도 여기서 OK! 느낌있는 비어펍

앞서 숙박 카테고리에 소개한 '미륵미륵 비어호스텔'을 기억한다면, 맞다. 그 집과 같은 집이다. 명상이 있는 맥주 호스텔은 1층의 비어펍과 콘셉을 같이 한다. 부다가 놓여있고 은은한 라운지 뮤직이 흐르고, 대표가 셀렉한 국내 대표 수제맥주들과 맛있는 음식들에 여행의 기분이 업! 맥주, 와인, 하이볼, 소주도 있다. 맛집으로만 소개해도 될 정도로 먹거리가 탄탄해 놀라웠는데 고등어구이소바, 미륵돈카츠계란덮밥, 통영젓갈파스타가 모두 좋았다. 맥주 선택이 어려울때는 샘플러가 답. 토마토 맛이 나는 '미륵토맥'도 특이하다.

📍 통영시 해송정4길 37 미륵미륵빌딩 1층 ☎ 055-649-1047 🕐 17:00~24:00
메뉴 마르게리타 포카치아 피자 14,900 멍게비빔파스타 12,000 피자 13,900~ 샘플러 소/중/대 15,000/26,000/32,000 📷 @mireukmireuk

03 온도 전통주와 통영 음식의 궁합

고구마막걸리를 양조하는 '욕지도양조장'에서 야심차게 오픈한 전통주 주점 '온도'에서는 욕지도 고구마막걸리 외에도 대표가 셀렉한 다양한 전통주들을 판매하고 있다. 전통소주, 청주, 프리미엄탁주, 그리고 통영 막걸리인 도산막걸리, 산양막걸리까지 모두 한자리에 모였다. 음식도 전통주와 어울리는 궁합을 골라 다양하게 즐길 수 있다. 감성 인테리어에 친절한 서비스, 특히 추천 장인 사장님의 조언을 따르면 주류 선택에 실패하지 않는다. 기본상에 차려지는 나물 반찬과 미역무침도 인기 폭발이다. 북신시장도 근처에 있어 구경해도 좋다.

📍 통영시 북신시장1길 19 한선빌딩6층 ☎ 010-6577-3044 🕐 17:00~24:00 일 휴무 **메뉴** 하우스막걸리(욕지도고구마막걸리, 섬막걸리, 생강막걸리)6,000 감홍로 60,000 이강주 40,000 죽력고 150,000 유린기 25,000 차돌박이오뎅탕 15,000 김치전 10,000 회무침 25,000 📷 @yokjido_brewery

Bar for Late Night

특별한 분위기에서 대화를 나누고 싶다면?
통영의 캐릭터 바들을 소개합니다.

04 강구앙드링크 개성있는 주인이 있는 로컬 핫 플레이스

펍일까? 바일까? '강구앙드링크'는 분위기는 펍, 사장님과의 토크타임은 바를 방불케 하는 아담지만 다락방까지 갖춘 요상한 분위기의 술집이다. 이 집을 찾는 손님들은 대부분 자리를 잡고 오래 머물며, 결국 단골기 된다. 사장님과 수다를 떨다 보면 시키지도 않은 서비스 스테이크가 구워지고 빈 술병은 계속해서 늘어간다. 분위기가 무르익으면 어느새 기타를 메고 나와 노래도 부르고 그러다 파티가 된다. 정영태 사장은 '동피랑스쿠터'도 운영하고 있다. 술, 인생, 여행 뭐든 가능한 그와의 시간이 궁금하면 오늘 밤 '강구앙드링크'로!

📍 통영시 동충4길 45　☎ 010-4448-2663
메뉴 큐브스테이크 25,000 알리올리오 10,000　@jeong_yeongtae

05 아뮤제 루프탑 바의 낭만

강구안 전망의 가성비 좋은 포르투나 호텔의 7층 루프탑에 있는 '아뮤제'는 통영 밤바다를 가장 멋지게 볼 수 있는 곳이다. 와인이나 칵테일을 마시며 데이트를 즐기고 싶은 연인에게 추천한다. 루프탑라운지에서 야경을 바라보고 있노라면 마치 배를 탄 듯한 느낌! 플래터와 와인을 묶은 세트로 이용하면 더 저렴하다. 아웃도어라 4월부터 11월까지만 운영한다. 좋은 날에 여행하는 이들에게는 통영대교, 충무교, 강구안을 배경으로 마신 술 한잔이 잊지못할 추억이 될 듯.

📍 통영시 미수해안로 152 포르투나호텔 7층　☎ 055-648-7255　🕐 19:00~24:00
메뉴 맥주 8,000 칵테일 13,000~ 아뮤제추천세트 89,000(와인1병, 치즈플래터), 와인 40,000~ 치즈플래터 30,000　@amuser_rooftop

06 통영맥주양조장&펍 지역 맥주를 재미있는 공간에서!

정량동의 동네 목욕탕 동호탕이 수제맥주 양조장이 됐다. 통영맥주 간판과 함께 여전히 동호탕 간판이 걸려 있어 오해할 수도 있지만, 실내로 들어가면 양조시설과 함께 이색적인 풍경이 펼쳐진다. 1층 여탕으로 사용하던 공간은 펍으로, 몸을 담그던 욕조와 사우나실은 감성 가득한 좌석으로 변신 했고 샤워기는 은은한 조명이 됐다. 코로나 팬데믹기간엔 술을 마실 수는 없었고 캔맥주 테이크아웃만 가능해 아쉬움이 남았다. 동피랑페일에일, 윤슬골든에일, 달아바이젠, 이순신스타우트, 열두척유자에일 등 다섯가지 종류다.

📍 통영시 항북길 53　☎ 055-646-1956　🕐 11:00~21:00 토일 11:00~22:00
메뉴 이순신 스타우트 외 캔 500ml 4,000 6개 세트 20,000　@donghotang

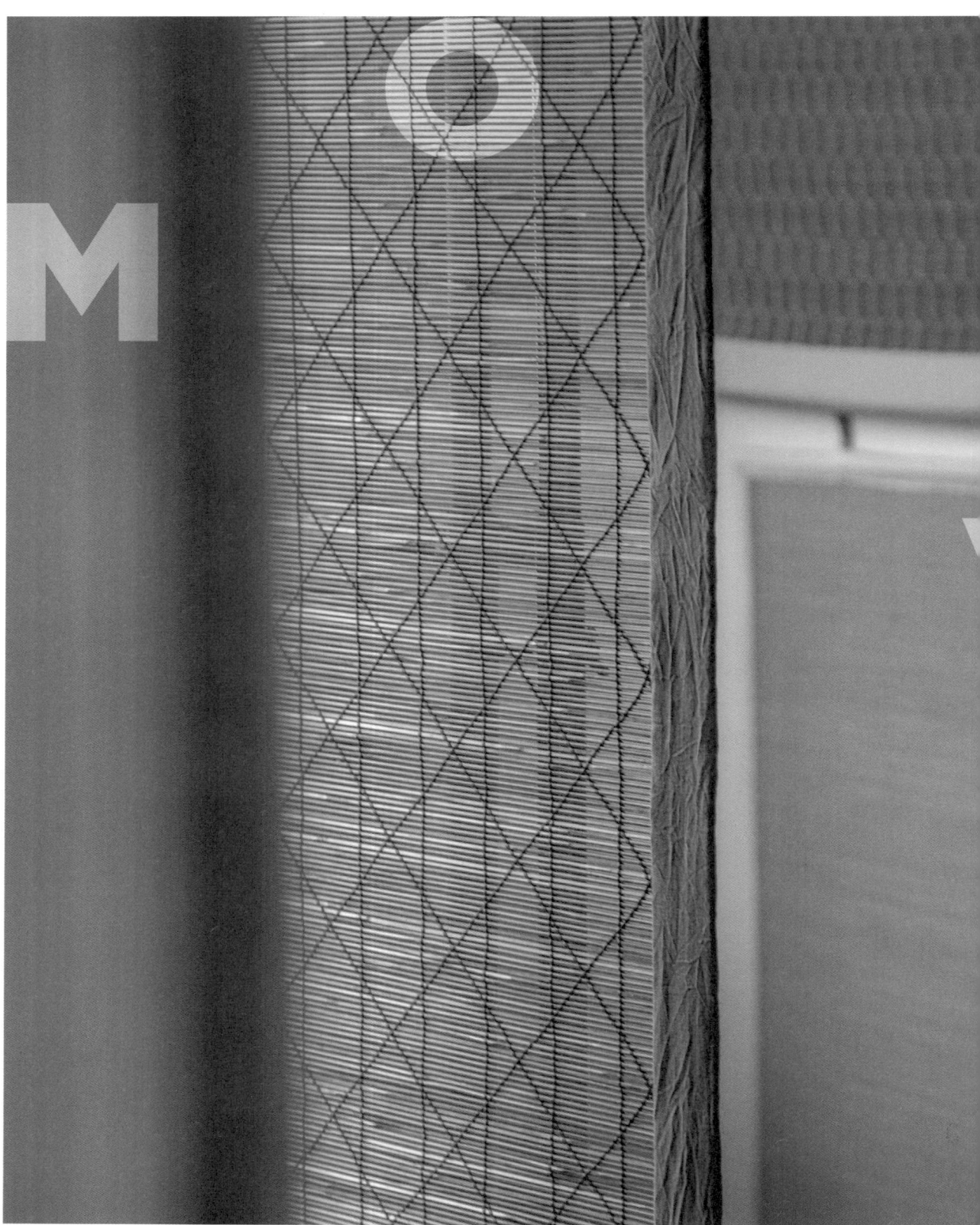

MOVE ON
[그리고 또 다른 이야기들]

The Writer
당신이 모르는 이야기_통영이 낳은 세계적인 작가

'통영' 하면 자동으로 떠오르는 예술가 명단이 있다. 박경리, 윤이상, 전혁림, 김춘수, 유치환. 거기서 이중섭, 백석, 정지용, 이영도, 김상옥까지 떠올린다면 당신은 이미 통영 전문가! 그런데 김용익에 대해서는 많이 알려지지 않았다. '마법의 펜'으로 불릴 만큼 어마어마한 필력을 가졌던 세계적인 작가, 김용익에 대해 알게 된 것은 이번 통영 여행이 선사한 대단한 수확이다.

기도하는 아버지

태평동 언덕은 원래 '당산'이라 불리던 곳이다. 당산 동남쪽 자락은 통제영 당시 상평통보를 찍었던 주전소가 있던 곳이라 '주전골'이라도 불렸다. 〈김약국의 딸들〉에도 당산은 등장하는데, '억울한 일이 있을 때 백성들은 당산에 올라 통제영을 바라보며 호소했다'라는 구절이다.

통제영이 보이는 가장 가까운 언덕인 당산 능선을 따라 주택 사이를 돌아다니다 보면 김용식. 김용익 기념관에 닿는다. 1930년대 이 집의 과거로 들어가 보자. 당시 통영 읍장이었던 아버지 김채호는 매일 해뜨기 전에 아들 둘을 데리고 여황산에 올라 간절한 기도를 올리고 산길을 따라 집으로 돌아오곤 했다. 기도 내용은 이랬다.

"전지전능하신 하나님, 이 아이들이 자라나서 장래 우리 사회에 도움이 될 수 있는 사람이 되게 하여 주십시오."

훗날 두 아들은 각각 외교관과 작가가 되었다. 큰아들 김용식은 1940년대부터 주홍콩 영사, 주호놀룰루 총영사, 주일 공사, 주프랑스 공사, 주제네바 공사, 주필리핀 대사를 거쳐 1963년에 외무부 장관에 오르고 이듬해 UN대사까지 올랐다. 작은아들 김용익은 미국에서 영문 소설을 발표하여 세계적으로 인정받는 작가가 되었다. 형제는 통영을 떠나 세계를 무대로 살았지만, 평생 통영에 대한 그리움을 가슴에 품고 살았다. 큰아들 김용식의 아들 김수환은 아버지와 삼촌이 성장했던 생가를 2011년 통영시에 기부했고 2013년 기념관으로 문을 열었다.

안동과의 연결고리

작가 김용익(1920-1995)에 대해 조사를 이어가다가 흥미로운 사실을 하나 발견했다. "소설가 김용익 선생이 우연히 제집에 들렀다가 미국의 아티스트 콜로니(예술인촌)처럼 꾸미면 어떻겠냐고 제안하셨어요. 미국에 가셔서 브로셔도 보내주시고, 와서 직접 보라고 초청장도 보내주셨죠. 돌아가신 부친께서 흔쾌히 허락하셔서 대공사 끝에 예술촌을 만들었어요." 2006년 경향신문에 실렸던 안동 지례예술촌 김원길 촌장의 인터뷰다. 지례예술촌은 1988년에 건립되었다. 김용익 작가는 1994년 고려대 초빙교수로 귀국했다가 1995년 4월 지병으로 별세해 현재는 통영시 용남면에 잠들었다. 안동의 지례예술촌이 김용익의 영향으로 만들어졌다니!!!

'The Wedding Shoes'

'남해의 봄날'에서 펴낸 김용익 소설집 〈꽃신〉을 여행 도중 짬짬이 펼쳐보았다. 〈꽃신〉 외에도 6개의 단편소설이 함께 들어있다. 〈꽃신〉은 1956년 뉴욕 Harper's Bazzar지에서 발표한 영문 소설 〈The Wedding Shoes〉의 한국어 버전이다. 한국어 버전은 번역이 아닌, 그가 직접 한글로 다시 집필한 것으로 1963년 [현대문학]지에 소개되었다. 소설이 출간되자, '가장 아름다운 소설'이라는 극찬이 쏟아졌다.

김용익은 1948년부터(28세) 영어로 소설을 쓰는 모험을 시작해 90년대 중반까지 작품을 발표했다. 모국어가 아닌 영어로 소설을 써 미국인들에게 인정받았다는 것이 놀라웠다. 통영에서 중학교만 졸업하고 이어 도쿄 아오야마 학원에서 영문학을, 미국 플로리다 서던 대학교와 켄터키 대학, 아이오와 대학에서 문예 창작을 공부했다지만 불과 10년 정도의 유학 경험으로 문학까지 넘보는 것은 확실히 범인의 영역은 아니다. 36세에 쓴 〈The Wedding Shoes〉가 세계적인 극찬을 받은 이후 같은 해 이탈리아의 매거진 〈보테게 오스크레〉에 〈Love in Winter〉를 게재했다. 1960년 펴낸 소설집 〈The Happy Days〉는 미국 도서관협회에서 선정하는 그해의 우수 청소년 도서와 뉴욕 타임스 선정 그 해의 우수 도서로 뽑혔으며 영국, 독일, 덴마크, 뉴질랜드에서도 출판되었다. 그의 작품은 덴마크와 미국 중고등학교 교과서에 실리고 다수의 작품이 연극, 영화, 드라마로 제작되기도 했다.

4 가장 한국적인, 세계적인 작가

〈밤배〉의 첫 부분이다.

'배에 오르니 생선, 해초 냄새-이제야 고향에 들어선 것 같다."

〈겨울의 사랑(Love in Winter)〉의 서문에는 이런 문장이 있다.

"자, 보십시오. 이것이 한국입니다. 나는 힘써 자랑하고 싶습니다. 이것이 바로 전후 한국의 빈곤과, 논리의 결핍과, 부패와 혼돈입니다. 그러나 세계 도처의 여느 국가나 국민과 마찬가지로 사랑과 용기와 명예를 지닌 한국, 바로 그 모습입니다."

그의 그리움의 원천은 고향이었을까? 통영에서의 유년 시절에 대한 기억을 소재로 삼아 가장 한국적인 것이 통한다는 사실을 증명했다. 1964년에 도미, 미국 대학교에서 소설창작을 가르쳤던 그는 30년 만에 한국에 돌아와 교편을 잡았지만 1년 만에 돌아가신 것은 참으로 안타깝다. 만약 활동을 더 했더라면 우리가 기억하는 대문호의 반열에 들어가고도 남지 않았을까 싶다.

책 쓰는 모험

한 편의 소설을 탄생시키기까지의 과정과 고뇌를 밝힌 〈책쓰는 모험〉은 1964년 The Writer 지에 게재되었다. 이후 작가 지망자들의 필독도서로 알려지면서 프린스턴대학, 위스콘신대학 등에서 낭독회를 가졌고, 1996년에 출판된 미국초등학교 교과서 Adventure of Readers 에 수록되었다. 그는 영어로 집필한 작품을 직접 한국어로 쓰는 과정을 '번역' 대신 '재창작'이라고 말했다.

– 책 쓰는 모험 중 –

"〈꽃신〉을 집필하는 동안 영어로 쓰는 글 가운데 내 자신의 한국말의 리듬을 잡으려 하고 또 동시에 모든 것은 구체적 이미지로 표현함으로써 오해받을 찬스를 주지 않으려고 애썼다. 어떤 신(scene)을 묘사하기가 곤란할 때마다 늘 슬쩍 다음으로 넘어가고 싶은 유혹을 받았다. 그러나 그 작품에 꼭 맞는 어떤 신이나 말 한마디라도 어물어물 넘어가서는 안된다는 것을 배웠고 이 가시 같이 어려운 말 또는 글발, 튀게 하고 숨 쉬게 하는 말이라는 것을 알고 그것을 꼭 찾으려고 애쓴다."

그의 작품은 외국인들이 먼저 읽었지만, 그 후 65년의 세월을 훌쩍 넘어 2022년에 내가 읽고 있다. 명작은 늘 그렇듯이 세월 앞에 바래지 않는다.

It is truly a stroy of Korean earth.

If you want to know somthing

about the real rural life in Korea,

this book is a rare fine.

– The Saturday Review 1962

Tong Yeong In Seoul
서울에서 만나는 통영

통영 식재료를 사용하는 곳, 통영 토속메뉴를 내는 식당들은 통영 밖에서도 많이 찾을 수 있다. 서울만 해도 명동의 소울푸드로 자리 잡은 40년 역사의 '명동 충무김밥', 중구 다동의 노포 '충무집', 청담과 이촌에 있는 '오통영' 등 누구나 한 두 개의 식당에 방문한 경험이 있을 것이다. 오늘 만난 곳들도 당신의 리스트에 추가하길 바란다. 2022년판 '통영 인 서울'!

통영에는 없는 다찌

'네기 실비'는 통영이 고향인 장호준 셰프가 총괄하고 있는 통영식 코스요리 레스토랑이다. 광화문의 고급 주상복합 건물인 '디팰리스'의 지하에 들어서면 네기 컴퍼니(NEGI)에서 운영하는 두 개의 식당을 만날 수 있다. 하나는 네기 스키야키, 그리고 나머지 하나가 네기 실비다. "실비, 다찌, 통영에서는 둘 다 흔히 사용하는 말이예요. 서울에서 '다찌'라고 하면 일식당으로 오해할 수 있어서 '실비'라고 했는데, '실비'가 고급 식당의 이미지가 아니다 보니 '실비가 왜 이리 비싸냐'고 하시는 분들도 있긴 합니다." 한식의 고급화는 아직도 어려운 과제다. 한식 재료로 양식 테크닉을 가미한 '모던한식'이란 장르에 대해서는 많이 관대해졌다. 하지만 우리는 여전히 한식에 대해서만큼은 높은 기준 또는 가성비라는 공식을 들이댄다. 통영에는 없는 다찌, 통영의 다찌 문화를 서울의 감각과 터치로 풀어낸 곳이 '네기실비'다. 그런 의미에서 이제는 이런 다양한 한식의 변주들을 응원하고 존중하는 문화가 조성되는 것이 바람직하지 않을까. 장호준은 유수의 오성급 호텔과 강남의 고급 일식 레스토랑에서 실력을 닦은 18년차 일식 요리사다. 네기의 다양한 카테고리의 다이닝 중 '한스'을 추가하기로 했을 때 통영에서 먹고 자란 어머니의 음식을 떠올린 것이 당연하다. "형제나 사촌들이 통영에서 수산업이나 식재료 유통을 하고 있어서 거의 모든 재료를 통영에서 가지고 옵니다. 한달에 한 번 정도 통영에 가서 현지 레시피를 업데이트하고 있습니다." 통영의 제철 식재료에 맞춰 메뉴는 그때그때 변경된다. 회, 구이, 전, 솥밥, 탕 등을 포함한 통영식 오마카세라 할 수 있다. 낮 동안은 근처 직장인들을 고려해 단품이나 가벼운 코스요리도 준비해 두었지만, 네기 실비의 하이라이트를 제대로 경험하려면 저녁 코스를 경험하는 것이 맞다. 서울에서 만난 통영다찌의 멋스러운 변신! 네기컴퍼니는 네기 다이닝 라운지, 네기 실비, 네기 스키야키, 네기 우나기야, 모던오뎅, 스시류코 등 다양한 콘셉트의 매장들을 운영하고 있다.

네기 실비
📍 서울 종로구 새문안로2길 10 디팰리스 B1
📞 02-512-0803
🕐 11:30~22:00 일 휴무

바다풍경 방배1호점
통영 홍보대사의 고향 사랑이 담긴 제철밥상

최근 KBS〈김영철의 동네 한 바퀴〉에 소개된 것을 보고 '바다풍경'을 찾는 이들이 많아졌다. 박병기 대표는 스스로를 '물때를 기다리는 사람'이라고 소개한다. 풍화리 함박섬이 고향인 그는 물때를 기다려 해초를 채취하던 어린 시절을 회상하며, 통영 해초의 단맛과 풍미가 다르다는 것을 사람들이 모두 경험했으면 좋겠다고 한다. "아내가 음식을 잘해요. 결혼하고 통영 중앙시장에서 작은 식당을 함께 시작했어요. 이후 한 20년 정도 통영에서 식당을 계속 했었거든요. 서울에 오면서 다른 일을 하다가 11년 전 방배동에 식당을 열었습니다." 통영비빔밥, 멍게비빔밥 등의 식사류부터 충무김밥까지! 그리고 도다리쑥국과 생멸치무침, 물메기탕, 돌문어초무침, 가자미찜, 불낙매운탕, 잡어회 등 통영에서 익숙하게 보던 메뉴들이 이곳에 다 있다. 재경 통영인들은 이곳에서 통영 엄마 밥상을 받았다고 칭찬한다. 통영 관광지부터 통영 출신 작가들의 문장까지 벽에는 통영을 사랑하는 그의 마음이 담긴 홍보 게시물이 이곳저곳에 붙어있었다. 실제로 그는 지난 2018년 공식적으로 통영시에서 지정한 '통영홍보대사'로 임명됐다. 그가 기다리는 '물때'는 통영의 식문화, 통영을 홍보하기 위한 좋은 타이밍이다. 식당이 더 알려지면 통영에 대해 알게 되는 사람들이 더 많아질 거고, 그것이 그의 기쁨이 될 것이다. 밑반찬이 차려지면서 빼떼기죽도 올라왔다. 반가웠다. 중간에 방아홍합전도 서비스로 나온다. 그날그날 식재료에 따라 달라지는 통영 엄마의 별미 반찬들, '바다풍경'에 정기적으로 들르게 될 것 같은 예감이 들었다.

📍 서울 서초구 방배천로4안길 55 일신빌딩
📞 02-582-6351
🕙 11:30~22:00 일 휴무

서촌통영
대통령의 단골집

아기자기하고 운치있는 동네 서촌을 걷던 중, '서촌통영'이라는 단아한 간판이 달린 예쁜 한옥집이 보였다. 반가운 마음에 들어가 보니 8년 전 즈음 개업한 통영제철메뉴 식당이다.
최근 리모델링을 거쳐 100년 된 한옥이 더 깔끔하고 아름답게 단장되었다. 입구에 2022년 3월 30일자로 윤석열 대통령이 남긴 메모를 붙여두었다. "도다리쑥국 일품입니다." 그는 벌써 8번이나 이 식당에 다녀갔으니 대통령의 단골집이라 해도 무방하다. 알고보니 이전부터 〈식객 허영만의 백반기행〉에도 '굴국밥' 명소로 소개되어 유명했었던 내공 있는 식당이다. 그리고 통영의 팔도식당 탁도수 어르신이 매일 새벽 경매장에서 보내주는 제철 재료로 정성껏 음식을 만들어 손님상에 올린다는 소개글도 있었다. 통영의 팔도식당은 계절음식과 장어셋트백반으로 유명한 곳, '서촌통영'의 음식은 서울식 조리와 플레이팅을 거쳐 담백하고 깔끔하다.
통인시장 후문 맞은편, 마을버스 9번 정류장 앞이다. 멍게비빔밥 15,000 조기구이 15,000 도다리쑥국 20,000

📍 서울 종로구 필운대로 47
📞 02-3210-3326
🕙 10:00~22:00

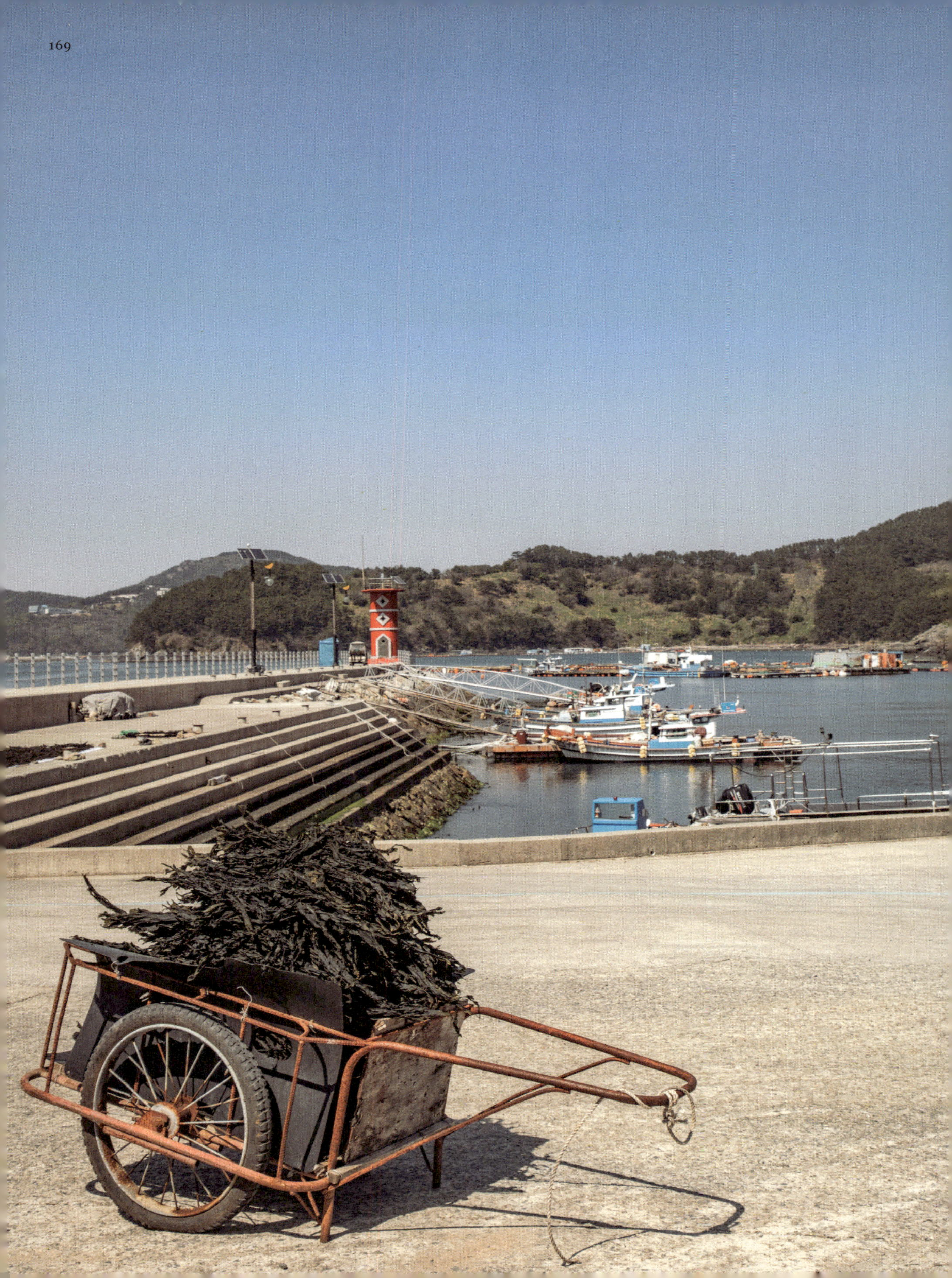

The Souvenir

통영을 두고두고 기억하기 위한 기분 좋은 기념품 셀렉션

지역 술
전통막걸리, 고구마막걸리, 건축가가 빚은 막걸리

산양막걸리, 광도막걸리, 도산법송탁주는 통영 시내 마트에서 쉽게 구할 수 있다. 욕지도고구마막걸리는 전통주점 '온도'에서, 건축가가 빚은 막걸리는 식당 '야소주반'과 죽림의 식료품 가게 '피콜리나마켓'에서 판매한다. 욕지도 여행 시 고메진, 고메순을 마트나 양조장에서, 살 수 있다.

문의 광도양조장(055-642-3507) 도산양조장(055-643-9665) 야소주반(010-8986-8680) 피콜리나마켓(010-6838-3255) 온도(010-6577-3044)

로컬 맥주
통영맥주, 라인도이치

통영맥주는 양조장/펍, 라인도이치는 양조장/레스토랑 형태이다. 방문시간은 미리 계획하고 예약하는 것이 좋다.

문의 통영맥주(병당 4,000원, 6개 패키지 20,000원/055-646-1956) 라인도이치(병당 5,000원/055-643-7758)

로컬 먹거리
해다온 젓갈, 통영빼떼기죽, 통영찹쌀어간장

통영음식문화연구소 이상희 소장이 개발한 통영찹쌀어간장은 모든 요리에 사용할 수 있는 비법소스다. 멍게전문식당 '멍게가'에서 판매한다. 신선한 통영산 수산물로 젓갈을 만드는 '해다은'의 제품들은 '해다은젓갈'로 검색해 온라인에서 구매한다. 포장도 깔끔하고 짜지 않고 신선하다. 비빔밥용으로 추천하는 멍게젓갈 500g은 5~6인이 충분히 즐길 수 있다.

문의 멍게가(병당 10,000원/055-644-7774) 해다은(멍게젓갈 500g 2만원대/055-648-6242) 해풍내음 통영빼떼기죽(7개 세트 2만원대/지마켓, 옥션 등)

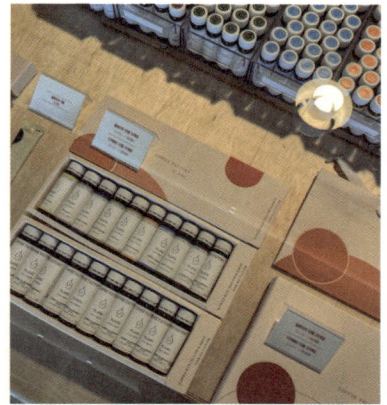

④
통영 커피
일랑더치, 상국씨커피

통영에만 있는 커피 고수들을 만난다. 더치커피 전문점 '일랑더치'의 앰플패키지는 편리하고 제조과정이 재미있어 선물로 그만이다. '카페드안트워프'의 스마트스토어 〈상국씨네커피숍〉에서는 상국씨가 직화 핸드로스팅한 불맛나는 원두를 구매할 수 있다. 단시간에 소량만 볶아 맛이 좋다.

문의 일랑더치(콜드브루원액 액상커피 10종 15,900원, 더치커피 콜드브루 250m 7,900원/055-648-6479) 상국씨네커피숍(150gx4회, 한달 정기구입권 50,000원, 콜드브루 500ml16,500원/010-9084-5275)

⑤
미술관 기념품
전혁림미술관, 통영옻칠미술관

미술관의 기념품들은 고급스럽다. 소장가치가 있는 작품부터 실생활 소품까지 가치있는 보물들이 곳곳에 숨어있다.

문의 전혁림미술관(프린트 육각타일 35,000원 사각타일 70,000원/055-645-7349) 옻칠미술관(삼단찬합 300,000원 축배잔 100,000원/055-649-5257)

⑥
통영을 기억하기 위한 책들
봄날의 책방

봉수골의 예쁜 서점 '봄날의 책방'에 들러 통영을 기억할 수 있는 책들을 구입하자. 추천목록은 김용익의 〈꽃신〉, 전영근의 〈그림으로 나눈 대화〉. 그 외에도 취향에 맞는 여행 도서가 많아 지갑이 저절로 열릴 것이다. 책방은 화요일 휴무이고 월요일은 오후 1시30분에 오픈한다.

문의 봄날의 책방(070-7795-0531)

통영 편백, 통영 동백
나폴리농원, 한국동백연구소

한국동백연구소는 1997년 설립한 국내 최대 식물성 오일전문기업이다. 100% 국내산 동백오일과 유자오일은 일본, 미국, 프랑스에 수출할 정도. 동백씨에서 추출한 매직오일은 워낙 유명하다. 나폴리농원은 편백나무 숲 속 맨발 체험장이다. 직접 방문 구입하거나 스마트스토어에서 온라인 구매가 가능하다. 80,000원이다.
문의 나폴리농원(편백정유 10ml 20,000원, 편백스킨/로션 200ml 각 32,000원/055-641-7005)
한국동백연구소(동백수분크림220ml 20,000원 동백매직오일 30ml 30,000원/055-645-2223)

통영 일러스트
리케의 디자인랩

통영에 거주하며 작업하는 부산 출신의 일러스트 작가, 리케, 황서현의 작품으로 만든 굿즈들은 바다에 대한 따뜻한 애정을 표현하고 있다. 모두가 사랑스럽다. 통영시내 기념품 숍에서도 만날 수 있고, 리케의 디자인랩 스마트스토어에서도 주문 가능하다.
문의 통영 바다풍경 일러스트 캔버스 액자 39,000원. 통영 서포루 풍경 일러스트 면티셔츠 30,000원/010-9423-4910

아트 콜라보 리빙소품들
장수거북이

작가들의 정성을 담은 상품을 소개하는 공간, 카페 겸 라이프스타일 소품숍, '장수거북이'에서는 감각적 제품들이다. 티, 도예, 향, 지역의 전통공예를 현대적인 미감을 풀어낸 제품들 중 인센스 홀더와 컵, 통영누비작가의 슬리퍼와 코스터가 예쁘다. 일, 월 휴무
문의 장수거북이(인센스홀더 27,000원, 통영누비코스터 8,000원, 미륵산흙으로 구운 컵 24,000원/010-6335-4432)

통영누비
희공방

기존에 자주 보던 알록달록한 누비보다 화이트를 주요 색상으로 사용하고 두가지 이상의 톤을 사용하지 않는, 희공방의 제품들은 단아하고 고급스럽다. 박경희 작가의 희공방에서 2021년에 대한민국 공예품 대전에서 문화재청장상을 받은 '나들이' 작품들을 비롯해 침구류, 다양한 제품들을 둘러볼 수 있다.
문의 희공방(커트러리집 38,000원 화이트 코스터 25,000원 010-9335-1645)

자연 on
축제 on
힐링 on

4계절 사랑의 스위치가 켜지는 도시

통영시

2022 통영 여행가는 해

통영에 온 나
통영愛 on 나

2022 A year to travel to Tongyeong

Subscription & Staff

여행을 기억하는 당신, 여행을 꿈꾸는 당신이라면

MOVE는 자신만의 취향과 여유, 안목을 지닌 여행자를 위한 데스티네이션 매거진입니다. 여행을 사랑하는 마케팅.출판 기획사 (주)어라운더월드가 발행하며, 매호 하나의 도시, 하나의 지역 혹은 하나의 마을만 주목합니다. 지난 여정을 세심하게 회고하고 싶은 여행자부터 언젠가의 '드림 트래블'을 계획하는 몽상가까지, 여행을 사랑하는 모든 이가 MOVE의 독자입니다.

정기구독 문의

MOVE 는 한 해 4~6권을 발행합니다.
1년 동안 소중한 분과 함께 받아보고 싶으시다면 할인된 금액으로 본인과 지정된 분께 정성스럽게 발송됩니다.

1년 4권 기준　　　72,000원
1년 4권 기준 X 2　144,000 → 120,000원

SC제일은행 385-20-186606
예금주 컨시어지서울

신청 02-3477-7046
movemagazine01@gmail.com
www.conciergeseoul.co.kr

STAFF

Publisher & Editor-in-Chief
조은영 Cho Eun Young
Editorial Team
김관수 Kim Kwan Soo
Contributing Writer
조송희 Cho Song Hee
유호종 Yoo Ho Jong
Art Director
조민주 Katie Cho
Photographer
이규열 Lee Kyu Yeol
Co-operation
통영시

ISBN 979-11-89647-17-9 **발행** (주)어라운더월드 02-3477-7046 | 서울 서초구 반포동 107-103, 101호 **발행일** 2022년 6월 30일 **인쇄** (주)제일프린테크 02-2068-7305
《MOVE》에 실린 모든 글과 사진은 저작권법에 의해 보호 받으며, 발행사의 허락이 없는 무단 전제와 복제를 엄격히 금합니다.

MOVE DESTINATION ABROAD

Vol. 1
BATANES

Vol. 2
SICILY

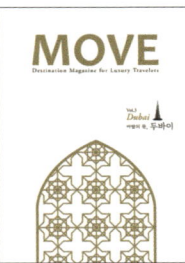
Vol. 3
DUBAI

Vol. 4
MAURITIUS

Vol. 5
NEW CALEDONIA

Vol. 6
LOMBOK

Vol. 7
SIBERIA

Vol. 8
MALTA

MOVE DESTINATION KOREA

Vol. 1
JEJU ISLAND

Vol. 2
ANDONG

Vol. 3
GORYEONG

Vol. 4
GWANGJU

Vol. 5
JECHEON

Vol.6
SEOUL

Vol. 7
HAPCHEON

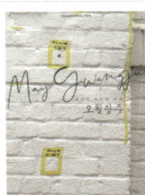
Vol. 8
MAY GWANGJU

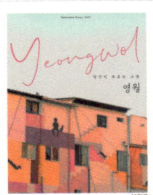
Vol. 9
YEONGWOL

Vol. 10
TONGYEONG

Vol. 11
COMING SOON!

〈MOVE〉는 여유와 취향이 있는 여행자를 위한 데스티네이션 매거진입니다.
한 호에 한 지역, 한 도시, 한 마을만 소개하고 있어 여행에 관심있는 사람이라면 누구나 편한 마음으로 구독할 수 있습니다.
근간의 여행을 위해, 또는 언젠가 떠날 꿈의 여행을 위해 소장하시기 바랍니다.